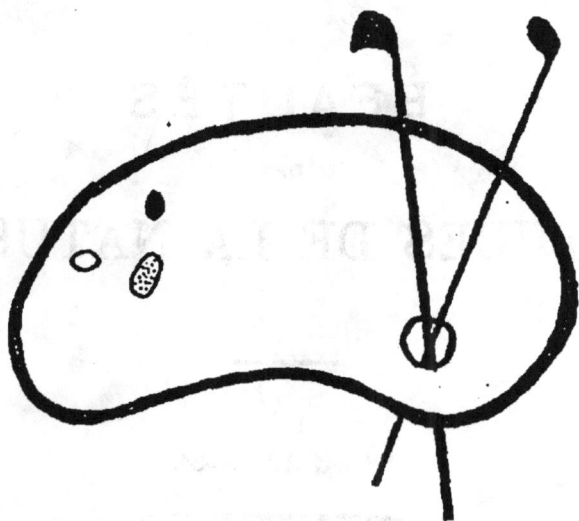

DÉBUT D'UNE SÉRIE DE DOCUMENTS
EN COULEUR

BEAUTÉS

DES

ÉTUDES DE LA NATUR

—

1re SÉRIE IN-8°.

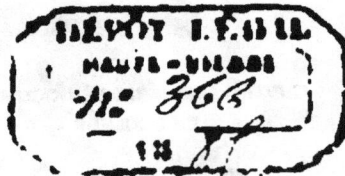
°S

BERNARDIN DE SAINT-PIERRE

BEAUTÉS

DES

ÉTUDES DE LA NATURE

EXTRAITS

PAR E. DU CHATENET.

LIMOGES

EUGÉNE ARDANT ET Cie, ÉDITEURS

BEAUTÉS

DES

ÉTUDES DE LA NATURE

CHAPITRE Iᵉʳ.

Les marques d'une Providence divine sont visibles dans le règne végétal.

En y réfléchissant, il m'a paru que non-seulement la nature avait fait un jardin magnifique du monde entier, mais encore qu'elle en avait, pour ainsi dire, placé plusieurs les uns sur les autres, pour embellir le même sol de ses plus charmantes harmonies.

Dans nos climats tempérés, on voit se développer, dès les premiers jours d'avril, au milieu des sombres forêts, les réseaux de la pervenche et ceux de l'*Anemona nemorosa*, qui recouvrent d'un long tapis vert et lustré les mousses et les feuilles desséchées par l'année précédente. Cependant, à l'orée des bois, on voit déjà fleurir les primevères, les violettes et les marguerites, qui bientôt disparaissent en partie pour faire place, en mai, à la hyacinthe bleue, à la croisette jaune qui sent le miel, au muguet parfumé, au genêt doré, au bassinet doré et vernissé, et aux trèfles rouges et blancs, si bien alliés aux graminées. Bientôt les orties blanches et jaunes, les fleurs du fraisier, celles du sceau de Salomon, sont remplacées par les coquelicots et les bluets, qui éclosent dans des oppositions ravissantes; les églantiers épanouissent leurs guirlandes fraîches et variées, les fraises se colorent, les chèvrefeuilles parfument les airs; on voit ensuite les vipérines d'un bleu pourpré, les bouillons blancs avec leurs longues quenouilles de fleurs soufrées et odorantes, les scabieuses battues des vents, les ansérines, les champignons, et les asclépias, qui restent bien avant dans l'hiver, où végètent des mousses de la plus tendre verdure.

Toutes ces fleurs paraissent successivement sur la même scène. Le gazon, dont la couleur est uniforme, sert de fond à ce riche tableau. Quand ces plantes ont fleuri et donné leurs graines, la plupart s'enfoncent et se cachent pour renaître avec d'autres printemps. Il y en a qui durent toute l'année, comme la pâquerette et le pissenlit;

d'autres s'épanouissent pendant cinq jours, après lesquels elles disparaissent entièrement : ce sont les éphémères de la végétation.

Les agréments de nos forêts ne le cèdent pas à ceux de nos champs. Si les bois ne renouvellent point leurs arbres avec les saisons, chaque espèce présente, dans le cours de l'année, les progrès de la prairie. D'abord les buissons donnent leurs fleurs; les chèvrefeuilles déroulent leur tendre verdure; l'aubépine parfumée se couronne de nombreux bouquets; les ronces laissent pendre leurs grappes d'un bleu mourant; les merisiers sauvages embaument les airs, et semblent couverts de neige au milieu du printemps; les néfliers entr'ouvrent leurs larges fleurs aux extrémités d'un rameau cotonneux; les ormes donnent leurs fruits, les hêtres développent leurs superbes feuillages, et enfin le chêne majestueux se couvre le dernier de ces feuilles épaisses qui doivent résister à l'hiver.

Comme dans les vertes prairies les fleurs se détachent du fond par l'éclat de leurs couleurs, de même les rameaux fleuris des arbrisseaux se détachent du feuillage des grands arbres. L'hiver présente de nouveaux accords; car alors les fruits noirs du troène, la mûre d'un bleu sombre,

le fruit de corail de l'églantier, la baie du myr-
tille, brillent souvent au sein des neiges, et
offrent aux petits oiseaux leur nourriture et un
asile pendant la saison rigoureuse. Mais comment
exprimer les ravissantes harmonies des vents qui
agitent le sommet des graminées, et changent la
prairie en une mer de verdure et de fleurs; et
celles des forêts, où les chênes antiques agitent
leurs sommets vénérables, le bouleau ses feuilles
pendantes, et les sombres sapins leurs longues
flèches toujours vertes? Du sein de ces forêts s'é-
chappent de doux murmures, et s'exhalent mille
parfums qui influent sur les qualités de l'air. Le
matin, au lever de l'aurore, tout est chargé de
gouttes de rosée qui argentent les flancs des collines et les bords des ruisseaux; tout se meut au
gré des vents; de longs rayons de soleil dorent
les cimes des arbres et traversent les forêts. Cependant des êtres d'un autre ordre, des nuées de
papillons peints de mille couleurs, volent sans
bruit sur les fleurs; ici l'abeille et le bourdon
murmurent; là des oiseaux font leurs nids; les
airs retentissent de mille chansons. Les notes
monotones du coucou et de la tourterelle servent
de basses aux ravissants concerts du rossignol et
aux accords vifs et gais de la fauvette. La prairie

a aussi ses oiseaux : les cailles, qui couvent sous les herbes; les alouettes, qui s'élèvent vers le ciel, au-dessus de leurs nids. On entend de tous côtés les accents maternels; on respire l'amour dans les vallons, dans les bois, dans les prés. Oh! qu'il est doux alors de quitter les cités, qui ne retentissent que du bruit des marteaux des ouvriers et de celui des lourdes charrettes, ou des carrosses qui menacent l'homme de pied, pour errer dans les bois, sur les collines, au fond des vallons, sur des pelouses plus douces que les tapis de la Savonnerie, et qu'embellissent chaque jour de nouvelles fleurs et de nouveaux parfums.

Mais si nous considérons la nature dans les autres climats, nous verrons que les inondations des fleuves, telles que celles de l'Amazone, de l'Orénoque et de quantité d'autres, sont périodiques : elles fument les terres qu'elles submergent. On sait d'ailleurs que les bords de ces fleuves étaient peuplés de nations, avant les établissements des Européens : elles tiraient beaucoup d'utilité de leurs débordements, soit par l'abondance des pêches, soit par les engrais de leurs champs. Loin de les considérer comme des convulsions de la nature, elles les regardaient comme des bénédictions du ciel, ainsi que les Egyptiens

considéraient les inondations du Nil. Etait-ce
donc un spectacle si déplaisant pour elles, de voir
leurs profondes forêts coupées de longues allées
d'eau, qu'elles pouvaient parcourir sans peine,
en tous sens, dans leurs pirogues, et dont elles
recueillaient les fruits avec la plus grande facilité? Quelques peuplades même, comme celles de
l'Orénoque, déterminées par ces avantages,
avaient pris l'usage étrange d'habiter le sommet
des arbres, et de chercher sous leur feuillage,
comme les oiseaux, des logements, des vivres et
des forteresses. Quoi qu'il en soit, la plupart
d'entre elles n'habitaient que les bords des fleuves, et les préféraient aux vastes déserts qui les
environnaient, et qui n'étaient point exposés aux
inondations.

Nous ne voyons l'ordre que là où nous voyons
notre blé. L'habitude où nous sommes de resserrer dans des digues le canal de nos rivières, de
sabler nos grands chemins, d'aligner les allées de
nos jardins, de tracer leurs bassins au cordeau,
d'équarrir nos parterres et même nos arbres,
nous accoutume à considérer tout ce qui s'écarte
de notre équerre, comme livré à la confusion.
Mais c'est dans les lieux où nous avons mis la
main que l'on voit souvent un véritable désordre.

Nous faisons jaillir des jets d'eau sur des montagnes; nous plantons des peupliers et des tilleuls sur des rochers; nous mettons des vignobles dans les vallées, et des prairies sur des collines. Pour peu que ces travaux soient négligés, tous ces petits nivellements sont bientôt confondus sous le niveau général des continents, et toutes ces cultures humaines disparaissent sous celles de la nature. Les pièces d'eau deviennent des marais, les murs des charmilles se hérissent, tous les berceaux s'obstruent, toutes les avenues se ferment : les végétaux naturels à chaque sol déclarent la guerre aux végétaux étrangers; les chardons étoilés et les vigoureux verbascum étouffent sous leurs larges feuilles les gazons anglais; des foules épaisses de graminées et de trèfles se réunissent autour des arbres do Judée; les ronces de chien y grimpent avec leurs crochets, comme si elles y montaient à l'assaut; des touffes d'orties s'emparent de l'urne des naïades, et des forêts de roseaux, des forges de Vulcain; des plaques verdâtres de mnion rongent les visages des Vénus, sans respecter leur beauté. Les arbres mêmes assiégent le château; les cerisiers sauvages, les ormes, les érables montent sur ses combles, enfoncent leurs longs pivots dans ses frontons élevés, et dominent enfin sur ces coupoles orgueilleuses. Les ruines d'un parc ne sont pas moins dignes des réflexions du sage, que celles des empires : elles montrent également combien le pouvoir de l'homme est faible quand il lutte contre celui de la nature.

Je n'ai pas eu le bonheur, comme les premiers marins qui découvrirent des îles inhabitées, de voir des terres sortir, pour ainsi dire, de ses mains; mais j'en ai vu des portions assez peu altérées, pour être persuadé que rien alors ne devait égaler leurs beautés virginales. Elles ont influé sur les premières relations qui en ont été faites, et elles y ont répandu une fraîcheur, un coloris, et je ne sais quelle grâce naïve qui les distinguera toujours avantageusement, malgré leur simplicité, des descriptions savantes qu'on en a faites dans les derniers temps. C'est à l'influence de ces premiers aspects que j'attribue les grands talents des premiers écrivains qui ont parlé de la nature, et l'enthousiasme sublime lont Homère et Orphée ont rempli leurs poésies. Parmi les modernes, l'historien de l'amiral Anson, Cook, Banks, Solander et quelques autres, nous ont décrit plusieurs de ces sites naturels dans les Iles de Tinian, de Masso, de Juan Fernandès et de Taïti, qui ont ravi tous les gens de goût, quoique ces îles eussent été dégradées en partie par les Indiens et par les Espagnols.

Je n'ai vu que des pays fréquentés par les Européens et désolés par la guerre ou par l'esclavage; mais je me rappellerai toujours avec plaisir deux de ces sites, l'un en-deçà du tropique du Capricorne, l'autre au-delà du 60° degré nord. Malgré mon insuffisance, je vais essayer d'en tracer une esquisse, afin de donner au moins une idée de la manière dont la nature dispose ses plans dans des climats aussi opposés.

Le premier était une partie, alors inhabitée, de l'île de France, de quatorze lieues d'étendue, qui m'en parut la plus belle portion, quoique les noirs marrons qui s'y réfugient y eussent coupé, sur les rivages de la mer, les lataniers avec lesquels ils fabriquent des ajoupa, et dans les montagnes, des palmistes dont ils mangent les sommités, et des lianes dont ils font des filets pour la pêche. Ils dégradent aussi les bords des ruisseaux en y fouillant les oignons des nymphæa, dont ils vivent, et ceux mêmes de la mer, dont ils mangent sans exception toutes les espèces de coquillages, qu'ils laissent çà et là sur les rivages par grands amas brûlés. Malgré ces désordres,

cette portion de l'île avait conservé des traits de
son antique beauté. Elle est exposée au vent per-
pétuel du sud-est, qui empêche les forêts qui la
couvrent de s'étendre jusqu'au bord de la mer;
mais une large lisière de gazon d'un beau vert
gris, qui l'environne, en facilite la communication
tout autour, et s'harmonie, d'un côté, avec la verdure des bois, et, de l'autre, avec l'azur des flots.
La vue se trouve ainsi partagée en deux aspects,
l'un terrestre et l'autre maritime. Celui de la terre
présente des collines qui fuient les unes derrière
les autres, en amphithéâtre, et dont les contours,
couverts d'arbres en pyramides, se profilent avec
majesté sur la voûte des cieux. Au-dessus de ces
forêts s'élève comme une seconde forêt de palmistes, qui balancent au-dessus des vallées soli-
taires leurs longues colonnes couronnées d'un
panache de palmes et surmontées d'une lance.
Les montagnes de l'intérieur présentent au loin
des plateaux de rochers, garnis de grands arbres
et de lianes pendantes, qui flottent, comme des
draperies, au gré des vents. Elles sont surmontées de hauts pitons, autour desquels se rassem-
blent sans cesse des nuées pluvieuses; et lorsque
les rayons du soleil les éclairent, on voit les couleurs de l'arc-en-ciel se peindre sur leurs escar-

pements, et les eaux des pluies couler sur leurs flancs bruns, en nappes brillantes de cristal ou en longs filets d'argent. Aucun obstacle n'empêche de parcourir les bords qui tapissent leurs flancs et leurs bases; car les ruisseaux qui descendent des montagnes présentent, le long de leurs rives, des lisières de sable, ou de larges plateaux de roches qu'ils ont dépouillés de leurs terres. De plus, ils frayent un libre passage depuis leurs sources jusqu'à leurs embouchures, en détruisant les arbres qui croîtraient dans leurs lits, et en fertilisant ceux qui naissent sur leurs bords; et ils ménagent au-dessus d'eux, dans tout leur cours, de grandes voûtes de verdure qui fuient en perspective, et qu'on aperçoit des bords de la mer. Des lianes s'entrelacent dans les cintres de ces voûtes, assurent leurs arcades contre les vents, et les décorent de la manière la plus agréable, en opposant à leurs feuillages d'autres feuillages, et à leur verdure des guirlandes de fleurs brillantes ou de gousses colorées. Si quelque arbre tombe de vétusté, la nature, qui hâte partout la destruction de tous les êtres inutiles, couvre son tronc de capillaires du plus beau vert, et d'agarics ondés de jaune, d'aurore et de pourpre, qui se nourrissent de ces débris. Du côté

de la mer, le gazon qui termine l'île est parsemé
çà et là de bosquets de lataniers, dont les palmes,
faites en éventail et attachées à des queues souples, rayonnent en l'air comme des soleils de
verdure. Ces lataniers s'avancent jusque dans la
mer sur les caps de l'île, avec les oiseaux de terre
qui les habitent, tandis que de petites baies, où
nagent une multitude d'oiseaux de marine, et
qui sont, pour ainsi dire, pavées de madrépores
couleur de fleur de pêcher, de roches noires couvertes de nérites couleur de rose, et de toutes
sortes de coquillages, pénètrent dans l'île, et réfléchissent, comme des miroirs, tous les objets de
la terre et des cieux. Vous croiriez y voir les
oiseaux voler dans l'eau et les poissons nager
dans les arbres, et vous diriez du mariage de la
Terre et de l'Océan qui entrelacent et confondent
leurs domaines. Dans la plupart même des îles
inhabitées, situées entre les tropiques, on a
trouvé, lorsqu'on en a fait la découverte, les
bancs de sable qui les environnent remplis de
tortues qui y venaient faire leur ponte, et de fla-
mants couleur de rose qui ressemblent, sur leurs
nids, à des brandons de feu. Elles étaient encore
bordées de mangliers couvers d'huîtres, qui op-
posaient leurs feuillages flottants à la violence

des flots, et de cocotiers chargés de fruits, qui, s'avançant jusque dans la mer, le long des récifs, présentaient aux navigateurs l'aspect d'une ville avec ses remparts et ses avenues, et leur annonçaient de loin les asiles qui leur étaient préparés par le dieu des mers. Ces divers genres de beauté ont dû être communs à l'île de France comme à beaucoup d'autres îles, et ils auront sans doute été détruits par les besoins des premiers marins qui y ont abordé. Tel est le tableau bien imparfait d'un pays dont les anciens philosophes jugeaient le climat inhabitable, et dont les philosophes modernes regardent le sol comme une écume de l'Océan ou des volcans.

Le second lieu agreste que j'ai vu était dans la Finlande russe, lorsque j'étais employé, en 1764, à la visite de ses places avec les généraux du corps du génie dans lequel je servais. Nous voyagions entre la Suède et la Russie, dans des pays si peu fréquentés que les sapins avaient poussé dans le grand chemin de démarcation qui sépare leur territoire. Il était impossible d'y passer en voiture, et il fallut y envoyer des paysans pour les couper, afin que nos équipages pussent nous suivre. Cependant nous pouvions pénétrer partout à pied et souvent à cheval, quoiqu'il nous fallût visiter les détours, les sommets et les plus petits recoins d'un grand nombre de rochers, pour en examiner les défenses naturelles, et que la Finlande en soit si couverte que les anciens géographes lui ont donné le surnom de *Lapidosa*. Non-seulement ces rochers y sont répandus en grands blocs à la surface de la terre, mais les vallées et les collines tout entières y sont en beaucoup d'endroits formées d'une seule pièce de roc vif. Ce roc est un granit tendre qui s'exfolie, et dont les débris fertilisent les plantes en même temps que ses grandes masses les abritent contre les vents du nord, et réfléchissent sur elles les rayons du soleil par leur courbure et par les particules de mica dont il est rempli. Les fonds de ces vallées étaient tapissés de longues lisières de prairies qui facilitent partout la communication. Aux endroits où elles étaient de roc tout pur, comme à leur naissance, elles étaient couvertes d'une plante appelée *kloukva*, qui se plaît sur les rochers. Elle sort de leurs fentes et ne s'élève guère à plus d'un pied et demi de hauteur; mais elle trace de tous côtés et s'étend fort loin. Ses feuilles et sa verdure ressemblent à celles du buis, et ses rameaux sont parsemés de fruits rouges bons à manger, semblables à des fraises. Des sapins, des bouleaux et des sorbiers végétaient à merveille sur les flancs de ces collines, quoique souvent ils y trouvassent à peine assez de terre pour y enfoncer leurs racines. Les sommets de la plupart de ces collines de roc étaient arrondis en forme de calotte, et rendus tout luisants par des eaux qui suintaient à travers de longues fêlures qui les sillonnaient. Plusieurs de ces calottes étaient toutes nues, et si glissantes qu'à peine pouvait-on y marcher. Elles étaient couronnées, tout autour, d'une large ceinture de mousses d'un vert d'émeraude, d'où sortait çà et là une multitude infinie de champignons de toutes les formes et de toutes les couleurs. Il y en avait de faits comme de gros étuis, couleur d'écarlate, piquetés de points blancs; d'autres, de couleur d'orange, formés en parasols; d'autres, jaunes comme du safran et allongés comme des œufs. Il y en avait du plus beau blanc et si bien tournés en rond, qu'on les eût pris pour des dames d'ivoire. Ces mousses et ces champignons se répandaient le long des filets d'eau qui coulaient des sommets de ces collines de roc, s'étendaient en longs rayons jusqu'à travers les bois dont leurs flancs étaient couverts, et venaient border leurs lisières en se confondant avec une multitude de fraisiers

et de framboisiers. La nature, pour dédommager
ce pays de la rareté des fleurs apparentes qu'il
produit en petit nombre, en a donné les parfums
à plusieurs plantes, telles qu'au *Calamus aroma-*
ticus; au bouleau, qui exhale au printemps une
forte odeur de rose; et au sapin, dont les pommes
sont odorantes. Elle a répandu de même les couleurs les plus agréables et les plus brillantes des
fleurs sur les végétations les plus communes,
telles que sur les cônes du mélèze, qui sont d'un
beau violet, sur les baies écarlates du sorbier, sur
les mousses, les champignons, et même sur les
choux-raves.....

Rien n'égale, à mon avis, le beau vert des plantes du Nord, au printemps. J'y ai souvent admiré
celui des bouleaux, des gazons et des mousses,
dont quelques-unes sont glacées de violet et de
pourpre. Les sombres sapins mêmes se festonnent
alors du vert le plus tendre; et lorsqu'ils viennent
à jeter de l'extrémité de leurs rameaux des touffes jaunes d'étamines, ils paraissent comme de
vastes pyramides toutes chargées de lampions.
Nous ne trouvions nul obstacle à marcher dans
leurs forêts. Quelquefois nous y rencontrions des
bouleaux renversés et tout vermoulus; mais en
mettant les pieds sur leur écorce, elle nous sup-

portait comme un cuir épais. Le bois de ces bouleaux pourrit fort vite, et leur écorce, qu'aucune humidité ne peut corrompre, est entraînée à la fonte des neiges, dans les lacs, sur lesquels elle surnage tout d'une pièce. Quant aux sapins, lorsqu'ils tombent, l'humidité et les mousses les détruisent en fort peu de temps. Ce pays est entre-coupé de grands lacs qui présentent partout de nouveaux moyens de communication en pénétrant par leurs longs golfes dans les terres, et offrent un nouveau genre de beauté, en réfléchissant dans leurs eaux tranquilles les orifices des vallées, les collines moussues, et les sapins inclinés sur les promontoires de leurs rivages.....

Les plantes ne sont donc pas jetées au hasard sur la terre; et quoiqu'on n'ait encore rien dit sur leur ordonnance en général dans les divers climats, cette simple esquisse suffit pour faire voir qu'il y a de l'ordre dans leur ensemble. Si nous examinons de même superficiellement leur développement, leur attitude et leur grandeur, nous verrons qu'il y a autant d'harmonie dans l'agrégation de leurs parties que dans celle de leurs espèces. Elles ne peuvent en aucune manière être considérées comme des productions mécaniques du chaud et du froid, de la sécheresse et de l'humidité. Les systèmes de nos sciences nous ont ramenés précisément aux opinions qui jetèrent les peuples barbares dans l'idolâtrie, comme si la fin de nos lumières devait être le commencement et le retour de nos ténèbres. Voici ce que leur reproche l'auteur du livre de la Sagesse : *Aut ignem, aut spiritum, aut citatum aerem, aut gyrum stellarum, aut nimiam aquam, aut solem et lunam, rectores orbis terrarum deos putaverunt.* « Ils se sont imaginé que le feu, ou le vent, ou l'air le plus subtil, ou l'influence des étoiles, ou la mer, ou le soleil et la lune régissaient la terre et en étaient les dieux. »

Toutes ces causes physiques réunies n'ont pas ordonné le port d'une seule mousse. Pour nous en convaincre, commençons par examiner la circulation des plantes. On a posé comme un principe certain que leurs sèves montaient par leur bois et redescendaient par leur écorce. Je n'opposerai aux expériences qu'on en a rapportées qu'un grand marronnier des Tuileries, voisin de la terrasse des Feuillants, qui, depuis plus de vingt ans, n'a point d'écorce autour de son pied, et qui cependant est plein de vigueur. Plusieurs ormes des boulevards sont dans le même cas. D'un autre côté, on voit de vieux saules caverneux qui n'ont point du tout de bois. D'ailleurs, comment peut-on appliquer ce principe à la végétation d'une multitude de plantes, dont les unes n'ont que des tubes, et d'autres n'ont point du tout d'écorce, et ne sont revêtues que de pellicules sèches ?

Il n'y a pas plus de vérité à supposer qu'elles s'élèvent en ligne perpendiculaire, et qu'elles sont déterminées à cette direction par l'action des colonnes de l'air. Quelques-unes, à la vérité, la suivent, comme le sapin, l'épi de blé, le roseau; mais un bien plus grand nombre s'en écarte, tels que les volubilis, les vignes, les lianes, les haricots, etc... D'autres montent verticalement, et étant parvenues à une certaine hauteur, en plein air, sans éprouver aucun obstacle, se fourchent en plusieurs tiges, et étendent horizontalement leurs branches, comme les pommiers; ou les inclinent vers la terre, comme les sapins; ou les creusent en forme de coupe, comme les sassafras; ou les arrondissent en tête de champignon, comme les pins; ou les dressent en obélisque, comme les peupliers; ou les tournent en laine de quenouille, comme les cyprès; ou les laissent flotter au gré des vents, comme les bouleaux. Toutes ces attitudes se voient sous le même rumb de vent. Il y

on a même qui adoptent des formes auxquelles
l'art des jardiniers aurait bien de la peine à les
assujétir. Tel est le badamier des Indes, qui croît
en pyramide, comme le sapin, et la porte divisée
par étages, comme un roi d'échecs. Il y a des
plantes très-vigoureuses qui, loin de suivre la
ligne verticale, s'en écartent au moment même
où elles sortent de terre. Telle est la fausse patate
des Indes, qui aime à se traîner sur le sable des
rivages des pays chauds, dont elle couvre des arpents entiers. Tel est encore le rotin de la Chine,
qui croît souvent aux mêmes endroits. Ces plantes ne rampent point par faiblesse. Les scions du
rotin sont si forts, qu'on en fait, à la Chine, des
câbles pour les vaisseaux ; et lorsqu'ils sont sur la
terre, les cerfs s'y prennent tout vivants, sans
pouvoir s'en dépêtrer. Ce sont des filets dressés
par la nature. Je ne finirais pas si je voulais parcourir ici les différents ports des végétaux ; ce
que j'en ai dit suffit pour montrer qu'il n'y en a
aucun qui soit dirigé par la colonne verticale de
l'air. On a été induit à cette erreur, parce qu'on a
supposé qu'ils cherchaient le plus grand volume
d'air, et cette erreur de physique en a produit
une autre en géométrie ; car, dans cette supposi-
tion, ils devraient se jeter tous à l'horizon, parce

que la colonne d'air y est beaucoup plus considé-
rable qu'au zénith. Il faut de même supprimer les
conséquences qu'on en a tirées, et qu'on a posées
comme des principes de jurisprudence pour le
partage des terres, dans des livres vantés de ma-
thématiques, tels que celui-ci, « qu'il ne croît pas
plus de bois ni plus d'herbes sur la pente d'une
montagne qu'il n'en croîtrait sur sa base. » Il n'y
a pas de bûcheron ni de faneur qui ne vous dé-
montre le contraire par l'expérience.

Les plantes, dit-on, sont des corps mécaniques.
Essayez de faire un corps aussi mince, aussi tendre, aussi fragile que celui d'une feuille, qui
résiste des années entières aux vents, aux pluies,
à la gelée et au soleil le plus ardent. Un esprit de
vie, indépendant de toutes les latitudes, régit les
plantes, les conserve et les reproduit. Elles répa-
rent leurs blessures, et elles recouvrent leurs
plaies de nouvelles écorces. Les pyramides de
l'Egypte s'en vont en poudre, et les graminées
du temps des Pharaons subsistent encore. Que de
tombeaux grecs et romains, dont les pierres
étaient ancrées de fer, ont disparu! Il n'est resté,
autour de leurs ruines, que les cyprès qui les om-
brageaient. C'est le soleil, dit-on, qui donne l'existence aux végétaux, et qui l'entretient. Mais ce

grand agent de la nature, tout puissant qu'il est, n'est pas même la cause unique et déterminante de leur développement. Si la chaleur invite la plupart de ceux de nos climats à ouvrir leurs fleurs, elle en oblige d'autres à les fermer. Tels sont, dans ceux-ci, la belle-de-nuit du Pérou, et l'arbre-triste des Moluques, qui ne fleurissent que la nuit. Son éloignement même de notre hémisphère n'y détruit point la puissance de la nature. C'est alors que végètent la plupart des mousses qui tapissent les rochers d'un vert d'émeraude, et que les troncs des arbres se couvrent, dans des lieux humides, de plantes imperceptibles à la vue, appelées mnions et lichens, qui les font paraître au milieu des glaces, comme des colonnes de bronze vert. Ces végétations, au plus fort de l'hiver, détruisent tous nos raisonnements sur les effets universels de la chaleur, puisque des plantes d'une organisation si délicate semblent avoir besoin, pour se développer, de la plus douce température. La chute même des feuilles, que nous regardons comme un effet de l'absence du soleil, n'est point occasionnée par le froid. Si les palmiers les conservent toute l'année dans le Midi, les sapins les gardent, au nord, en tout temps. A la vérité, les bouleaux, les mélèzes et plusieurs autres espèces d'arbres les perdent, dans le Nord, à l'entrée de l'hiver; mais ce dépouillement arrive aussi à d'autres arbres dans le Midi. Ce sont, dit-on, les résines qui conservent, dans le Nord, celles des sapins; mais le mélèze, qui est résineux, y laisse tomber les siennes; et le filaria, le lierre, l'alaterne, et plusieurs autres espèces qui ne le sont point. les gardent chez nous toute l'année. Sans recourir à ces causes mécaniques, dont les effets se contredisent toujours dès qu'on veut les généraliser, pourquoi ne pas reconnaître, dans ces variétés de la végétation, la constance d'une Providence? Elle a mis, au midi, des arbres toujours verts, et leur a donné un large feuillage pour abriter les animaux de la chaleur. Elle y est encore venue au secours des animaux en les couvrant de robes à poil ras, afin de les vêtir à la légère; et elle a tapissé la terre qu'ils habitent de fougères et de lianes vertes, afin de les tenir fraîchement. Elle n'a pas oublié les besoins des animaux du Nord : elle a donné à ceux-ci pour toits les sapins toujours verts, dont les pyramides hautes et touffues écartent les neiges de leurs pieds, et dont les branches sont si garnies de longues mousses grises, qu'à peine on en aperçoit le tronc; pour litières, les mousses

mêmes de la terre, qui y ont en plusieurs endroits
plus d'un pied d'épaisseur, et les feuilles molles
et sèches de beaucoup d'arbres, qui tombent précisément à l'entrée de la mauvaise saison ; enfin,
pour provisions, les fruits de ces mêmes arbres,
qui sont alors en pleine maturité. Elle y ajoute
çà et là les grappes rouges des sorbiers, qui,
brillant au loin sur la blancheur des neiges, invitent les oiseaux à recourir à ces asiles ; en sorte
que les perdrix, les coqs de bruyère, les oiseaux
de neige, les lièvres, les écureuils, trouvent souvent, à l'abri du même sapin, de quoi se loger, se
nourrir et se tenir fort chaudement.

Mais un des plus grands bienfaits de la Providence envers les animaux du Nord est de les
avoir revêtus de robes fourrées, de poils longs et
épais, qui croissent précisément en hiver, et qui
tombent en été. Les naturalistes, qui regardent
les poils des animaux comme des espèces de végétations, ne manquent pas d'expliquer leur accroissement par la chaleur. Ils confirment leur
système par l'exemple de la barbe et des cheveux
de l'homme, qui croissent rapidement en été.
Mais je leur demande pourquoi, dans les pays
froids, les chevaux, qui y sont ras en été, se couvrent en hiver d'un poil long et frisé comme la

laine des moutons? A cela ils répondent que c'est
la chaleur intérieure de leur corps, augmentée
par l'action extérieure du froid, qui produit cette
merveille. Fort bien. Je pourrais leur objecter que
le froid ne produit pas cet effet sur la barbe et
sur les cheveux de l'homme, puisqu'il retarde
leur accroissement ; que de plus, sur les animaux
revêtus en hiver par la Providence, les poils sont
beaucoup plus longs et plus épais aux endroits
de leur corps qui ont le moins de chaleur natu-
relle, tels qu'à la queue, qui est très-touffue dans
les chevaux, les martres, les renards et les loups,
et que ces poils sont courts et rares aux endroits
où elle est la plus grande, comme au ventre. Leur
dos, leurs oreilles, et souvent même leurs pattes,
sont les parties de leur corps les plus couvertes
de poils. Mais je me contente de leur proposer
cette dernière objection : la chaleur extérieure et
intérieure d'un lion d'Afrique doit être au moins
aussi ardente que celle d'un loup de Sibérie ;
pourquoi le premier est-il à poil ras, tandis que
le second est velu jusqu'aux yeux?

Le froid, que nous regardons comme un des
plus grands obstacles de la végétation, est aussi
nécessaire à certaines plantes que la chaleur l'est
à d'autres. Si celles du Midi ne sauraient croître

au nord, celles du Nord ne réussissent pas mieux
au midi...

Il s'en faut beaucoup que le froid soit l'ennemi
de toutes les plantes, puisque ce n'est que dans
le Nord que l'on trouve les forêts les plus élevées
et les plus étendues qu'il y ait sur la terre. Ce
n'est qu'au pied des neiges éternelles du mont
Liban que le cèdre, le roi des végétaux, s'élève
dans toute sa majesté. Le sapin, qui est après lui
l'arbre le plus grand de nos forêts, ne vient à une
hauteur prodigieuse que dans les montagnes à
glaces et dans les climats froids de la Norwége et
de la Russie. Pline dit que la plus grande pièce
de bois qu'on eût vue à Rome jusqu'à son temps,
était une poutre de sapin de cent vingt pieds de
long et de deux pieds d'équarrissage aux deux
bouts, que Tibère avait fait venir des froides montagnes de la Valteline, du côté du Piémont, et
que Néron employa à son amphithéâtre. « Jugez,
dit-il, quelle devait être la longueur de l'arbre
entier, par ce qu'on en avait coupé. » Cependant,
comme je crois que Pline parle de pieds romains,
qui sont de la même grandeur que ceux du Rhin,
il faut diminuer cette dimension d'un douzième à
peu près. Il cite encore le mât de sapin du vaisseau qui apporta d'Egypte l'obélisque que Cali-

gula fit mettre au Vatican; ce mât avait quatre brasses de tour. Je ne sais d'où on l'avait tiré. Pour moi, j'ai vu en Russie des sapins auprès desquels ceux de nos climats tempérés ne sont que des avortons. J'en ai vu, entre autres, deux tronçons, entre Pétersbourg et Moscou, qui surpassaient en grosseur les plus gros mâts de nos vaisseaux de guerre, quoique ceux-ci soient faits de plusieurs pièces. Ils étaient coupés du même arbre, et servaient de montant à la porte de la basse-cour d'un paysan. Les bateaux qui apportent du lac de Ladoga des provisions à Pétersbourg ne sont guère moins grands que ceux qui remontent de Rouen à Paris. Ils sont construits de planches de sapin de deux à trois pouces d'épaisseur, quelquefois de deux pieds de large, et qui ont de longueur toute celle du bateau. Les charpentiers russes des cantons où on les bâtit ne font d'un arbre qu'une seule planche, le bois y étant si commun qu'ils ne se donnent pas la peine de le scier. Avant que j'eusse voyagé dans les pays du Nord, je me figurais, d'après les lois de notre physique, que la terre devait y être dépouillée de végétaux par la rigueur du froid. Je fus fort étonné d'y voir les plus grands arbres que j'eusse vus de ma vie, et placés si près les uns des autres qu'un écureuil pourrait parcourir une bonne partie de la Russie sans mettre le pied à terre, en sautant de branche en branche. Cette forêt de sapins couvre la Finlande, l'Ingrie, l'Estonie, tout l'espace compris entre Pétersbourg et Moscou, et de là s'étend sur une grande partie de la Pologne, où les chênes commencent à paraître, comme je l'ai observé moi-même en traversant ces pays. Mais ce que j'en ai vu n'en est que la moindre partie, puisqu'on sait qu'elle s'étend depuis la Norwége jusqu'au Kamtschatka. quelques déserts sablonneux exceptés, et depuis Breslau jusqu'aux bords de la mer Glaciale.

Je terminerai cet article par réfuter une erreur, qui est que le froid a diminué dans le Nord parce qu'on y a abattu des forêts. Comme elle a été mise en avant par quelques-uns de nos écrivains les plus célèbres, et répétée ensuite, comme c'est l'usage, par la foule des autres, il est important de la détruire, parce qu'elle est très-nuisible à l'économie rurale. Je l'ai adoptée longtemps, sur la foi historique; et ce ne sont point des livres qui m'ont fait revenir, ce sont des paysans.

Un jour d'été, sur les deux heures après midi, étant sur le point de traverser la forêt d'Ivry, je vis des bergers avec leurs troupeaux qui s'en

tenaient à quelque distance, en se reposant à
l'ombre de quelques arbres épars dans la campagne. Je leur demandai pourquoi ils n'entraient
pas dans la forêt pour se mettre, eux et leurs
troupeaux, à couvert de la chaleur. Ils me répon-
dirent qu'il y faisait trop chaud, et qu'ils n'y me-
naient leurs moutons que le matin et le soir. Cependant, comme je désirais parcourir en plein
jour les bois où Henri IV avait chassé, et arriver
de bonne heure à Anet... j'engageai l'enfant d'un
de ces bergers à me servir de guide, ce qui lui
fut fort aisé, car le chemin qui mène à Anet traverse la forêt en ligne droite; il est si peu fré-
quenté de ce côté-là que je le trouvai couvert, en
beaucoup d'endroits, de gazons et de fraisiers.
J'éprouvai, pendant tout le temps que j'y mar-
chai, une chaleur étouffante et beaucoup plus
forte que celle qui régnait dans la campagne. Je
ne commençai même à respirer que quand j'en
fus tout-à-fait sorti, et que je fus éloigné des
bords de la forêt de plus de trois portées de
fusil.....

J'ai depuis réfléchi sur ce que m'avaient dit
ces bergers sur la chaleur des bois, et sur celle
que j'y avais éprouvée moi-même, et j'ai remarqué, en effet, qu'au printemps toutes les plantes

sont plus précoces dans leur voisinage, et qu'on trouve des violettes en fleur sur leurs lisières, bien avant qu'on en cueille dans les plaines et sur les collines découvertes. Les forêts mettent donc les terres à l'abri du froid dans le Nord ; mais ce qu'il y a d'admirable, c'est qu'elles les mettent à l'abri de la chaleur dans les pays chauds. Ces deux effets opposés viennent uniquement des formes et des dispositions différentes de leurs feuilles. Dans le Nord, celles des sapins, des mélèzes, des pins, des cèdres, des genévriers, sont petites, lustrées et vernissées ; leur finesse, leur vernis et la multitude de leurs plans réfléchissent la chaleur autour d'elles en mille manières : elles produisent à peu près les mêmes effets que les poils des animaux du Nord, dont la fourrure est d'autant plus chaude que leurs poils sont fins et lustrés. D'ailleurs, les feuilles de plusieurs espèces, comme celles des sapins et des bouleaux, sont suspendues perpendiculairement à leurs rameaux par de longues queues mobiles, en sorte qu'au moindre vent elles réfléchissent autour d'elles les rayons du soleil comme des miroirs. Au midi, au contraire, les palmiers, les talipots, les cocotiers, les bananiers portent de grandes feuilles qui, du côté de la terre. sont plutôt mates que lustrées,

et qui, en s'étendant horizontalement, forment
au-dessous d'elles de grandes ombres, où il n'y a
aucune réflexion de chaleur. Je conviens cependant que le défrichement des forêts dissipe les
fraîcheurs occasionnées par l'humidité; mais il
augmente les froids secs et âpres du Nord, comme
on l'a éprouvé dans les hautes montagnes de la
Norwége, qui étaient autrefois cultivées et qui
sont aujourd'hui inhabitables, parce qu'on les a
totalement dépouillées de leurs bois. Ces mêmes
défrichements augmentent aussi la chaleur dans
les pays chauds, comme je l'ai observé à l'île de
France, sur plusieurs côtes qui sont devenues si
arides depuis qu'on n'y a laissé aucun arbre,
qu'elles sont aujourd'hui sans culture. L'herbe
même qui y pousse pendant la saison des pluies
est en peu de temps rôtie par le soleil. Ce qu'il y
a de pis, c'est qu'il est résulté de la sécheresse de
ces côtes le dessèchement de quantité de ruisseaux; car les arbres plantés sur les hauteurs y
attirent l'humidité de l'air, et l'y fixent. De plus,
en détruisant les arbres qui sont sur les hauteurs,
on ôte aux vallons leurs engrais naturels, et aux
campagnes les palissades qui les abritent des
grands vents.

CHAPITRE II.

De l'ordre dans la nature. — De l'harmonie. — Les couleurs
des nuages. — Des mouvements. — Des contrastes.

Une suite de convenances qui ont un centre
commun forme l'ordre. Il y a des convenances
dans les membres d'un animal; mais il n'y a
d'ordre que dans son corps. La convenance est
dans le détail, et l'ordre dans l'ensemble. L'ordre
étend notre plaisir, en rassemblant un grand
nombre de convenances, et il le fixe en les déter-
minant vers un centre. Il nous montre à la fois,
dans un seul objet, une suite de convenances particulières, et la convenance principale où elles se
rapportent toutes. Ainsi l'ordre nous plaît, comme
à des êtres doués d'une raison qui embrasse toute
la nature, et il nous plaît peut-être encore davan-
tage, comme à des êtres faibles qui n'en peuvent
saisir à la fois qu'un seul point.

Nous voyons, par exemple, avec plaisir les relations de la trompe d'une abeille avec les nectaires des fleurs; celles de ses cuisses creusées

en cuillers et hérissées de poils, avec les poussières des étamines qu'elle y entasse; de ses quatre ailes, avec le butin dont elle est chargée (secours que la nature a refusé aux mouches qui volent à vide, et qui, pour cette raison, n'en ont que deux); enfin l'usage du long aiguillon qu'elle a reçu pour la défense de son bien, et toutes les convenances d'organes de ce petit insecte, qui sont plus ingénieuses et plus multipliées que celles des plus grands animaux. Mais l'intérêt s'accroît, lorsque nous la voyons toute couverte d'une poussière jaune, les cuisses pendantes, et à demi accablée de son fardeau, prendre sa volée dans les airs, traverser des plaines, des rivières et de sombres bocages, sous des rumbs de vent qui lui sont connus, et aborder, en murmurant, au tronc caverneux de quelque vieux chêne. C'est là que nous apercevons un autre ordre, à la vue d'une multitude de petits individus semblables à elle, qui y entrent et qui en sortent, occupés des travaux d'une ruche. Celle dont nous admirions les convenances particulières n'est qu'un membre d'une nombreuse république, et sa république n'est elle-même qu'une petite colonie de la nation immense des abeilles, éparse sur toute la terre, depuis la ligne jusqu'aux bords de la mer Gla-

ciale. Elle y est répartie en diverses espèces, aux
diverses espèces de fleurs ; car il y en a qui, étant
destinées à vivre sur des fleurs sans profondeur,
telles que les fleurs radiées, sont armées de cinq
crochets pour ne pas glisser sur leurs pétales.
D'autres, au contraire, comme les abeilles de
l'Amérique, n'ont point d'aiguillons, parce qu'elles placent leurs ruches dans des troncs d'arbres
épineux qui y sont fort communs : ce sont les
arbres qui portent leurs défenses. Il y a bien
d'autres convenances, parmi les autres espèces
d'abeilles, qui nous sont tout-à-fait inconnues.
Cependant, cette grande nation, si variée dans
ses colonies, et si étendue dans ses possessions,
n'est qu'une bien petite famille de la classe des
mouches, dont nous connaissons dans notre seul
climat près de six mille espèces, la plupart auss
distinctes les unes des autres, en formes et et
instincts, que les abeilles elles-mêmes le son
des autres mouches. Si nous comparions les rela
tions de cette classe volatile si nombreuse ave
toutes les parties du règne végétal et animal,
nous trouverions une multitude innombrable
d'ordres différents de convenances; et si nous les
joignions à ceux que nous présenteraient les légions des papillons, des scarabées, des sauterelles

et des autres insectes qui volent aussi, nous les multiplierions à l'infini. Cependant tout cela serait peu de chose, comparé aux industries des autres insectes qui rampent, qui sautent, qui nagent, qui grimpent. qui marchent, qui sont immobiles, dont le nombre est incomparablement plus grand que celui des premiers; et l'histoire de ceux-ci, jointe à celle des autres, ne serait encore que celle du petit peuple de cette grande république du monde, remplie de flottes innombrables de poissons. et de légions infinies de quadrupèdes, d'amphibies et d'oiseaux. Toutes leurs classes, avec leurs divisions et subdivisions, dont le moindre individu présente une sphère très-étendue de convenances, ne sont elles-mêmes que des convenances particulières, des rayons et des points de la sphère générale, dont l'homme seul occupe le centre et entrevoit l'immensité.

Il résulte du sentiment de l'ordre général deux autres sentiments : l'un, qui nous jette insensiblement dans le sein de la Divinité; et l'autre, qui nous ramène à nos besoins; l'un, qui nous montre pour cause un être infini en intelligence hors de nous; et l'autre pour fin, un être très-borné dans nous-même Ces deux sentiments caractérisent les deux puissances, spirituelle et corporelle, qui composent l'homme. Ce n'est pas ici le lieu de les développer; il me suffit de remarquer que ces deux sentiments naturels sont les sources générales du plaisir que nous donne l'ordre de la nature. Les animaux ne sont touchés que du second, dans un degré fort borné.

Une abeille a le sentiment de l'ordre de sa ruche; mais elle ne connaît rien au-delà. Elle ignore celui qui dirige les fourmis dans leur fourmilière, quoiqu'elle les ait vues souvent occupées de leurs travaux. Elle irait en vain, après le renversement de sa ruche, se réfugier, comme républicaine, au milieu de leur république. En vain, dans son malheur, elle leur ferait valoir les qualités qui lui sont communes avec elles et qui font fleurir les sociétés : la tempérance, le goût du travail, l'amour de la patrie, et surtout celui de l'égalité, joint à des talents supérieurs; elle n'éprouverait de leur part ni hospitalité, ni considération, ni pitié; elle ne trouverait pas même d'asile parmi d'autres abeilles d'une espèce différente; car chaque espèce a sa sphère qui lui est assignée, et c'est par un effet de la sagesse de la nature; car, autrement, les espèces les mieux organisées ou les plus fortes chasseraient les autres de leurs domaines. Il résulte de là que la société des animaux ne peut subsister que par des passions, et celle des hommes que par des vertus.

DE L'HARMONIE.

La nature oppose les êtres les uns aux autres, afin de produire entre eux des convenances. Cette loi a été connue dans la plus haute antiquité. On la trouve en plusieurs endroits de l'Ecriture sainte. La voici dans un passage de l'Ecclésiastique, chap. XLII :

Verset 25. Omnia duplicia, unum contra unum, et non fecit quidquam deesse.

«Chaque chose a son contraire; l'une est opposée à l'autre, et rien ne manque aux œuvres de Dieu. »

Je regarde cette grande vérité comme la clef de toute la philosophie. Elle a été aussi féconde en découvertes que cette autre : « Rien n'a été fait en vain. » Elle est la source du goût dans les arts et dans l'éloquence. C'est des contraires que naissent les plaisirs de la vue, de l'ouïe, du toucher, du goût, et tous les attraits de la beauté, en quelque genre que ce soit. Mais c'est aussi des contraires que viennent la laideur, la discorde, et toutes les sensations qui nous déplaisent. Ce qu'il y a d'admirable, c'est que la nature emploie les mêmes causes pour produire des effets si différents. Quand elle oppose les contraires, elle fait naître en nous des affections douloureuses, et elle nous en fait éprouver d'agréables lorsqu'elle les confond. De l'opposition des contraires naît la discorde, et de leur réunion l'harmonie.

Cherchons dans la nature quelques preuves de cette grande loi. Le froid est opposé au chaud, la lumière aux ténèbres, la terre à l'eau, et l'harmonie de ces éléments contraires produit des effets ravissants; mais si le froid succède rapidement à la chaleur, ou la chaleur au froid, la plupart des végétaux et des animaux, exposés à ces révolutions subites, courent risque de périr. La lumière du soleil est agréable; mais si un nuage noir tranche avec l'éclat de ses rayons, ou si des feux vifs brillent au sein d'une nuée obscure, tels que ceux des éclairs, notre vue éprouve, dans les deux cas, des sensations pénibles. L'effroi de l'orage augmente, si le tonnerre y joint ses terribles éclats, entremêlés de silences; et il redouble, si les oppositions de ces feux et de ces obscurités, de ces tumultes et de ces repos célestes, se font sentir dans les ténèbres et le calme de la nuit

La nature oppose pareillement, sur la mer, l'écume blanche des flots à la couleur noire des rochers, pour annoncer de loin aux matelots le danger des écueils. Souvent elle leur donne des formes analogues à la destruction, telles que celles de bêtes féroces, d'édifices en ruines, ou de carènes de vaisseaux renversées. Elle en fait même partir des bruits sourds semblables à des gémissements, et entrecoupés de longs intervalles. Les anciens croyaient voir dans le rocher de Scylla une femme hideuse, dont la ceinture était entourée d'une meute de chiens qui aboyaient. Nos marins ont donné aux écueils du canal de Bahama, si fameux par leurs naufrages, le nom de Martyrs, parce qu'ils offrent, à travers les bruines des flots qui s'y brisent, l'affreux spectacle d'hommes empalés et exposés sur des roues. On croit même entendre sortir de ces lugubres rochers des soupirs et des sanglots.

La nature emploie également ces oppositions heurtées et ces signes funèbres, pour exprimer les caractères des bêtes cruelles et dangereuses dans tous les genres. Le lion errant la nuit dans les solitudes de l'Afrique annonce de loin ses approches par des rugissements tout-à-fait semblables aux roulements du tonnerre. Les feux vifs et

instantanés qui sortent de ses yeux dans l'obscurité lui donnent encore l'apparence de ce terrible
météore. Pendant l'hiver, les hurlements des
loups dans les forêts du Nord ressemblent aux
gémissements des vents qui en agitent les ar
bres; les cris des oiseaux de proie sont aigus,
glapissants et entrecoupés de sons graves. Il y en
a même qui font entendre les accents de la dou-
leur humaine. Tel est le lom, espèce d'oiseau de
mer qui se repaît, sur les écueils de la Laponie,
des cadavres des animaux qui y échouent : il crie
comme un homme qui se noie. Les insectes
nuisibles présentent les mêmes oppositions et les
mêmes signes de destruction. Le cousin, avide du
sang humain, s'annonce à la vue par des points
blancs dont son corps rembruni est piqueté, et à
l'ouïe par des sons aigus qui interrompent le
calme des bocages. La guêpe carnassière est bardée, comme le tigre, de bandes noires sur un
fond jaune. On trouve fréquemment dans nos jardins, au pied des arbres qui dépérissent, une espèce de punaise allongée qui porte, sur son corps
rouge marbré de noir, le masque d'une tête de
mort. Enfin, les insectes qui attaquent nos per-
sonnes mêmes, quelque petits qu'ils soient, se
distinguent par des oppositions tranchées de
couleur avec celle des fonds où ils vivent.

Mais lorsque deux contraires viennent à se confondre, en quelque genre que ce soit, on en voit naître le plaisir, la beauté et l'harmonie. J'appelle l'instant et le point de leur réunion *expression harmonique*. C'est le seul principe que j'aie pu apercevoir dans la nature; car ses éléments mêmes ne sont pas simples, comme nous l'avons vu; ils présentent toujours des accords formés de deux contraires, aux analyses les plus multipliées. Ainsi, en reprenant quelques-uns de nos exemples, les températures les plus douces et les plus favorables en général à toute espèce de végétation, sont celles des saisons où le froid se mêle au chaud, comme celles du printemps et de l'automne. Elles occasionnent alors deux sèves dans les arbres, ce que ne font pas les plus fortes chaleurs de l'été. Les effets les plus agréables de la lumière et des ténèbres sont produits lorsqu'elles viennent à se confondre, et à former ce que les peintres appellent des clairs-obscurs et des demi-jours. Voilà pourquoi les heures de la journée les plus intéressantes sont celles du matin et du soir : ces heures où, dit la Fontaine, dans sa fable charmante de *Pyrame et Thisbé*, l'ombre et le jour luttent dans les champs azurés. Les sites les plus aimables sont ceux où les eaux

se confondent avec les terres : ce qui a fait dire
au bon Plutarque que les voyages de terre les
plus plaisants étaient ceux qui se faisaient le
long de la mer; et ceux de la mer, à leur tour,
ceux qui se faisaient le long de la terre. Vous
verrez ces mêmes harmonies résulter des saveurs
et des sons les plus opposés, dans les plaisirs du
goût et de l'ouïe.

LES COULEURS DES NUAGES.

Dans une belle nuit d'été, quand le ciel est se-
rein, et chargé seulement de quelques vapeurs
légères propres à arrêter et à réfranger les
rayons du soleil lorsqu'ils traversent les extrémités de notre atmosphère, transportez-vous dans
une campagne d'où l'on puisse apercevoir les
premiers feux de l'aurore. Vous verrez d'abord
blanchir, à l'horizon, le lieu où elle doit paraître;
et cette espèce d'auréole lui a fait donner, à cause
de sa couleur, le nom d'aube, du latin *alba*, qui
veut dire blanche. Cette blancheur monte insensiblement au ciel, et se teint en jaune à quelques
degrés au-dessus de l'horizon; le jaune, en s'élevant à quelques degrés plus haut, passe à l'orangé; et cette nuance d'orangé s'élève au-dessus en

vermillon vif qui s'étend jusqu'au zénith. De ce
point, vous apercevez au ciel, derrière vous, le
violet à la suite du vermillon, puis l'azur, ensuite
le gros bleu ou indigo, et enfin le noir tout-à-fait
à l'occident.

Quoique ce développement de couleurs présente
une multitude infinie de nuances intermédiaires
qui se succèdent assez rapidement, cependant il
y a un moment, et, si je me le rappelle bien,
c'est celui où le soleil est près de montrer son
disque, où le blanc éblouissant se fait voir à
l'horizon; le jaune pur, à 45 degrés d'élévation;
la couleur du feu au zénith; à 45 degrés au-dessous, vers l'occident, le bleu pur; et à l'occident
même, le voile sombre de la nuit, qui touche encore l'horizon. Du moins j'ai cru remarquer cette
progression entre les tropiques, où il n'y a presque pas de réfraction horizontale qui fasse anti-
ciper la lumière sur les ténèbres, comme dans
nos climats.

J.-J. Rousseau me disait un jour que, quoique
le champ de ces couleurs célestes soit le bleu, les
teintes du jaune qui se fondent avec lui n'y produisent point la couleur verte, comme il arrive
dans nos couleurs matérielles, lorsqu'on mêle ces
deux nuances ensemble. Mais je lui répondis que

j'avais aperçu plusieurs fois du vert au ciel, non-
seulement entre les tropiques, mais sur l'horizon
de Paris. A la vérité, cette couleur ne se voit
guère ici que dans quelque belle soirée de l'été.
J'ai aperçu aussi dans les nuages des tropiques,
principalement sur la mer et dans les tempêtes,
toutes les couleurs qu'on peut voir sur la terre. Il
y en a alors de cuivrées, de couleur de fumée
de pipe, de brunes, de rousses, de noires, de
grises, de livides, de couleur marron, et de
celle de gueule de four enflammé. Quant à celles
qui y paraissent dans les jours sereins, il y en a
de si vives et de si éclatantes, qu'on n'en verra
jamais de semblables dans aucun palais, quand
on y rassemblerait toutes les pierreries du Mogol.
Quelquefois les vents alizés du nord-est ou du
sud-est qui y soufflent constamment, cardent les
nuages comme si c'étaient des flocons de soie;
puis ils les chassent à l'occident en les croisant
les uns sur les autres comme les mailles d'un
panier à jour. Ils jettent sur les côtes de ce réseau
les nuages qu'ils n'ont pas employés, et qui ne
sont pas en petit nombre; ils les roulent en énormes masses blanches comme la neige, les con-
tournent sur leurs bords en forme de croupes, et
les entassent les uns sur les autres comme les

Cordilières du Pérou, en leur donnant des formes
de montagnes, de cavernes et de rochers; ensuite, vers le soir, ils calmissent un peu, comme
s'ils craignaient de déranger leur ouvrage. Quand
le soleil vient à descendre derrière ce magnifique
réseau, on voit passer par toutes ses losanges une
multitude de rayons lumineux qui y font un tel
effet, que les deux côtés de chaque losange qui
en sont éclairés paraissent relevés d'un filet d'or,
et les deux autres qui devraient être dans l'ombre sont teints d'un superbe nacarat. Quatre ou
cinq gerbes de lumière qui s'élèvent du soleil
couchant jusqu'au zénith, bordent de franges d'or
les sommets indécis de cette barrière céleste, et
vont frapper des reflets de leurs feux les pyramides des montagnes aériennes collatérales, qui
semblent alors être d'argent et de vermillon.
C'est dans ce moment qu'on aperçoit au milieu
de leurs croupes redoublées une multitude de
vallons qui s'étendent à l'infini, en se distin-
guant à leur ouverture par quelque nuance de
couleur de chair ou de rose. Ces vallons célestes
présentent, dans leurs divers contours, des teintes inimitables de blanc qui fuient à perte de vue
dans le blanc, ou des ombres qui se prolongent,
sans se confondre sur d'autres ombres. Vous

voyez çà et là sortir des flancs caverneux de ces
montagnes, des fleuves de lumière qui se préci-
pitent en lingots d'or et d'argent sur des rochers
de corail. Ici, ce sont de sombres rochers, percés
à jour, qui laissent apercevoir par leurs ouvertures le bleu pur du firmament; là, ce sont de longues grèves sablées d'or, qui s'étendent sur de
riches fonds du ciel, ponceaux, écarlates, et verts
comme l'émeraude. La réverbération de ces couleurs occidentales se répand sur la mer, dont elle
glace les flots azurés de safran et de pourpre. Les
matelots, appuyés sur les passavants du navire,
admirent en silence ces paysages aériens. Quelquefois ce spectacle sublime se présente à eux à
l'heure de la prière, et semble les inviter à élever
leurs cœurs comme leurs vœux vers les cieux. Il
change à chaque instant : bientôt ce qui était
lumineux est simplement coloré, et ce qui était
coloré est dans l'ombre. Les formes en sont aussi
variables que les nuances . ce sont tour à tour
des îles, des hameaux, des collines plantées de
palmiers, de grands ponts qui traversent des
fleuves; des campagnes d'or, d'améthystes, de
rubis, ou plutôt ce n'est rien de tout cela : ce sont
des couleurs et des formes célestes qu'aucun pin-
ceau ne peut rendre, ni aucune langue exprimer.

Il est très-remarquable que tous les voyageurs qui ont monté, en différentes saisons, sur les montagnes les plus élevées du globe, entre les tropiques et hors des tropiques, au milieu du continent ou dans des îles, n'ont aperçu dans les nuages qui étaient au-dessous d'eux qu'une surface grise et plombée, sans aucune variation de couleur, et semblable à celle d'un lac. Cependant le soleil éclairait ces nuages de toute sa lumière; et ses rayons pouvaient y combiner, sans obstacles, toutes les lois de la réfraction, auxquelles notre physique les a assujétis. Il s'ensuit de cette observation, que je répéterai encore ailleurs à cause de son importance, qu'il n'y a pas une seule nuance de couleur employée en vain dans l'univers, que ces décorations célestes sont faites pour le niveau de la terre, et que leur magnifique point de vue est pris de l'habitation de l'homme.

DES MOUVEMENTS.

De tous les mouvements, le plus agréable est le mouvement harmonique ou circulaire. La nature l'a répandu dans la plupart de ses ouvrages, et en a rendu susceptibles les végétaux même attachés à la terre. Nos campagnes nous en

offrent de fréquentes images, lorsque les vents
forment, sur les prairies, de longues ondulations
semblables aux flots de la mer; ou qu'ils agitent
doucement, sur le sommet des montagnes, les
hautes cimes des arbres, en leur faisant décrire
des portions de cercle. La plupart des oiseaux
forment de grands cercles en se jouant dans les
plaines de l'air, et se plaisent à y tracer une
multitude de courbes et de spirales. Il est remarquable que la nature a donné ce vol agréable à
plusieurs oiseaux innocents, qui ne sont point
autrement recommandables par la beauté de leur
chant ou de leur plumage. Tel est, entre autres,
le vol de l'hirondelle.

Il n'en est pas de même des mouvements de
progression des bêtes féroces ou nuisibles; elles
vont par sauts et par bonds, et joignent à des
mouvements quelquefois fort lents, d'autres qui
sont précipités; c'est ce qu'on peut observer dans
ceux du chat lorsqu'il veut attraper une souris.
Les tigres en ont de pareils lorsqu'ils cherchent
à atteindre leur proie. On peut remarquer les
mêmes discordances dans le vol des oiseaux car-
nassiers. Celui qu'on appelle le grand-duc, espèce
de hibou, vole au milieu d'un air calme comme si
le vent l'emportait çà et là. Les tempêtes présen-

tent dans le ciel les mêmes caractères de destruction. Quelquefois vous en voyez les nuages se mouvoir de mouvements opposés ; d'autres fois vous en apercevez qui courent avec la vitesse d'un courrier, tandis que d'autres sont immobiles comme des rochers. Dans les ouragans des Indes, les tourbillons de vent sont toujours entremêlés de calmes profonds.

Plus un corps a en lui de mouvement propre ou de rotation, plus il nous paraît agréable, surtout lorsqu'à ce mouvement se joint le mouvement harmonique ou circulaire. C'est par cette raison que les arbres dont les feuillages sont mobiles, comme les trembles et les peupliers, ont beaucoup plus de grâce que les autres arbres des forêts, lorsque le vent les agite. Ils plaisent à la vue par le balancement de leurs cimes, et en présentant, tour à tour, les deux faces de leurs feuilles, de deux verts différents. Ils plaisent encore à l'ouïe, en imitant le bouillonnement des eaux. C'est par l'effet du mouvement propre que, toute idée morale à part, les animaux nous intéressent plus que les végétaux, parce qu'ils ont en eux-mêmes le principe du mouvement.

Je ne crois pas qu'il y ait un seul lieu sur la terre où il n'y ait quelque corps en mouvement.

Je me suis trouvé bien des fois au milieu des plus vastes solitudes, de jour et de nuit, par les plus grands calmes, et j'y ai toujours entendu quelque bruit. Souvent, à la vérité, c'est celui d'un oiseau qui vole, ou d'un insecte qui remue une feuille; mais ce bruit suppose toujours du mouvement.

Le mouvement est l'expression de la vie. Voilà pourquoi la nature en a multiplié les causes dans tous ses ouvrages. Un des grands charmes des paysages est d'y voir du mouvement, et c'est ce que les tableaux de la plupart de nos peintres manquent souvent d'exprimer. Si vous en exceptez ceux qui représentent des tempêtes, vous trouverez partout ailleurs leurs forêts et leurs prairies immobiles, et les eaux de leurs lacs glacées. Cependant le retroussis des feuilles des arbres, frappées en dessous de gris ou de blanc, les ondulations des herbes dans les vallées et sur les croupes des montagnes, celles qui rident la surface polie des eaux, et les écumes qui blanchissent les rivages, rappellent avec grand plaisir, dans une scène brûlante de l'été, le souffle si agréable des zéphyrs. On peut y joindre avec une grâce infinie les mouvements particuliers aux animaux qui les habitent : par exemple, les cercles concentriques qu'un plongeon forme sur la

surface de l'eau ; le vol d'un oiseau de marine qui
part de dessus un tertre, les pattes allongées en
arrière et le cou tendu en avant ; celui de deux
tourterelles blanches qui filent côte à côte, dans
l'ombre, le long d'une forêt ; le balancement
d'une bergeronnette à l'extrémité d'une feuille
de roseau qui se courbe sous son poids. On peut
y faire sentir même le mouvement et le poids
d'un lourd chariot qui gravit dans une montagne,
en y exprimant la poussière des cailloux broyés
qui s'élève de dessous ses roues...

Il s'en faut bien que la plupart de nos peintres,
même parmi ceux qui ont le plus de talent, emploient des accessoires si agréables, puisqu'ils les
omettent dans les sujets dont ces accessoires forment le caractère principal. Par exemple, s'ils
représentent un char en course, ils ne manquent
jamais d'y exprimer tous les rayons de ses roues.
A la vérité, les chevaux galopent, mais le char
est immobile. Cependant, dans un char qui court
rapidement, chaque roue ne présente qu'une
seule surface ; toutes ses jantes se confondent à
la vue. Ce n'est pas ainsi que les anciens, qui ont
été nos maîtres en tout genre, imitaient la nature. Pline dit qu'Apelles avait si bien peint des
chariots à quatre chevaux, que leurs roues sem-

blaient tourner. Dans la liste curieuse qu'il nous
a conservée des plus fameux tableaux de l'antiquité, admirés encore à Rome de son temps, il en
cite un représentant des femmes qui filaient de la
laine, dont les fuseaux paraissaient pirouetter;
un autre très-estimé, « où l'on voyoit, dit son
vieux traducteur, deux soldats armés à la légère,
dont l'un est si eschauffé à courir en la bataille,
qu'on le voit suer, et l'autre qui pose ses armes,
se montre si recreu, qu'on le sent quasi haleiner. »
J'ai vu dans beaucoup de tableaux modernes des
machines en mouvement, des lutteurs et des guer-
riers en action, et jamais je n'y ai vu ces effets
simples, qui expriment si bien la vérité. Nos
peintres les regardent comme de petits détails où
ne s'arrêtent pas les gens de génie. Cependant ces petits détails sont des traits de caractère

LES CONTRASTES.

Les contrastes diffèrent des contraires en ce
que ceux-ci n'agissent que dans un seul point, et
ceux-là dans leur ensemble. Un objet n'a qu'un
contraire ; mais il peut avoir plusieurs contrastes.
Le blanc est le contraire du noir ; mais il con-

traste avec le bleu, le vert, le rouge et plusieurs autres couleurs...

La nature ne s'est pas contentée d'établir des harmonies particulières dans chaque espèce d'êtres pour les caractériser; mais afin qu'elles ne se confondent pas entre elles, elle les fait contraster... Elle a fait en général les herbes vertes pour les détacher de la terre ; ensuite elle a donné la couleur de terre aux animaux qui vivent sur l'herbe pour les distinguer à leur tour du fond qu'ils habitent. On peut remarquer ce contraste général dans les quadrupèdes herbivores, tels que les animaux domestiques, les bêtes fauves des forêts, et dans tous les oiseaux granivores qui vivent sur l'herbe ou dans les feuillages des arbres, comme la poule, la perdrix, la caille, l'alouette, le moineau, etc., qui ont des couleurs terreuses, parce qu'ils vivent sur la verdure. Mais ceux, au contraire, qui vivent sur des fonds rembrunis ont des couleurs brillantes, comme les mésanges bleuâtres et les piverts qui grimpent sur l'écorce des arbres pour y chercher des insectes, etc.

La nature oppose partout la couleur de l'animal à celle du fond où il vit. Cette loi admirable est universelle. J'en rapporterai ici quelques exem-

ples, pour mettre le lecteur sur la voie de ces
ravissantes harmonies dont il trouvera des preuves dans tous les climats. On voit sur les rivages
des Indes un grand et bel oiseau blanc et couleur de feu, appelé flamant, non pas parce qu'il
est de la Flandre, mais du vieux mot français
flambant, parce qu'il paraît de loin comme une
flamme. Il habite ordinairement les lagunes et les
marais salants, dans les eaux desquels il fait son
nid, en y élevant à un pied de profondeur un
petit tertre de vase d'un pied et demi de hauteur.
Il fait un trou au sommet de ce petit tertre, y
pond deux œufs et il les couve debout, les pieds
dans l'eau, à l'aide de ses longues jambes. Quand
plusieurs de ces oiseaux sont sur leurs nids, au
milieu d'une lagune, on les prendrait de loin pour
les flammes d'un incendie qui sortent du sein des
eaux. D'autres oiseaux présentent des contrastes
d'un autre genre sur les mêmes rivages. Le péli-
can ou grand-gosier est un oiseau blanc et brun
qui a un large sac au-dessous de son bec, qui est
très-long. Il va tous les matins remplir son sac
de poissons, et, quand sa pêche est faite, il se
perche sur quelque pointe de rocher à fleur d'eau,
où il se tient immobile jusqu'au soir, dit le père
du Tertre, « comme tout triste, la tête penchée

par le poids de son long bec, et les yeux fixés sur la mer agitée, sans branler non plus que s'il était de marbre. » On distingue souvent sur les grèves rembrunies de ces mers des aigrettes blanches comme la neige, et dans les plaines azurées du ciel le *paille-en-cul* d'un blanc argenté, qui les traverse à perte de vue : il est quelquefois glacé de rose, avec les deux longues plumes de sa queue couleur de feu, comme celui de la mer du Sud.

Souvent, plus le fond est triste, plus l'animal qui y vit est revêtu de couleurs brillantes. Nous n'avons peut-être point, en Europe, d'insectes qui en aient de plus riches que le scarabée stercoraire, et que la mouche qui porte le même nom. Celle-ci est plus éclatante que l'or et l'acier poli; l'autre, d'une forme hémisphérique, est d'un beau bleu de pourpre, et, afin que son contraste fût complet, il exhale une forte et agréable odeur de musc.

La nature semble quelquefois s'écarter de cette loi; mais c'est par d'autres raisons de convenance, car c'est là qu'elle ramène tous ses plans. Ainsi, après avoir fait contraster avec les fonds où ils vivent, les animaux qui pouvaient échapper à tous les dangers par leur force et par leur légè-

reté, elle y a confondu ceux qui sont d'une len-
teur ou d'une faiblesse qui les livreraient à la
discrétion de leurs ennemis. Le limaçon, dont la
marche est si lente, est de la couleur de l'écorce
des arbres qu'il ronge, ou de la muraille où il se
réfugie. Les poissons plats, qui nagent fort mal,
comme les turbots, les carrelets, les plies, les
limandes, les soles, etc., qui sont à peu près
taillés comme des planches, parce qu'ils étaient
destinés à vivre sédentairement au-dessus des
fonds de la mer, sont de la couleur des sables où
ils cherchent leur vie, étant piquetés comme eux
de gris, de jaune, de noir, de rouge et de brun.
A la vérité, ils ne sont colorés ainsi que d'un
côté; mais ils ont tellement le sentiment de cette
ressemblance que, quand ils se trouvent enfer-
més dans les parcs établis sur les grèves, et
qu'ils voient la marée près de se retirer, ils en-
fouissent leurs ailerons dans le sable en attendant
la marée suivante, et ne présentent à la vue de
l'homme que leur côté trompeur. Il est si ressem-
blant avec le fond où ils se cachent, qu'il serait
impossible aux pêcheurs de les en distinguer,
s'ils n'avaient des fauciles avec lesquelles ils
tracent des rayures en tout sens sur la surface
du terrain, pour en avoir au moins le tact, s'ils

ne peuvent en avoir la vue. C'est ce que je leur ai vu faire plus d'une fois, encore plus émerveillé de la ruse de ces poissons que de celle des pêcheurs. Les raies, au contraire, qui sont des poissons plats qui nagent mal aussi, mais qui sont carnivores, sont marbrées de blanc et de brun, afin d'être aperçues de loin par les autres poissons; et pour qu'elles ne fussent pas dévorées à leur tour, par leurs ennemis qui sont fort alertes, comme les chiens de mer, ou par leurs propres compagnes qui sont très-voraces, elles sont revêtues de pointes épineuses, surtout à la partie postérieure de leur corps, comme à la queue, qui est la plus exposée aux attaques lorsqu'elles fuient.

La nature a mis à la fois, dans la couleur des animaux qui ne sont pas nuisibles, des contrastes avec le fond où ils vivent, et des consonnances avec celui qui en est voisin; et elle leur a donné l'instinct d'en faire alternativement usage, suivant les bonnes ou les mauvaises fortunes qui se présentent. On peut remarquer ces convenances merveilleuses dans la plupart de nos petits oiseaux, dont le vol est faible et de peu de durée. L'alouette grise cherche sa vie dans l'herbe des champs. Est-elle effrayée : elle se coule entre

deux mottes de terre, où elle devient invisible.
Elle est si tranquille dans ce poste, qu'elle n'en
part souvent que quand le chasseur a le pied
dessus. Autant en fait la perdrix. Je ne doute pas
que ces oiseaux sans défense n'aient le sentiment
de ces contrastes et de ces convenances de couleur; car je l'ai observé même dans des insectes.
Au mois de mars dernier, je vis, sur le bord de la
rivière des Gobelins, un papillon couleur de bri-
ques, qui se reposait, les ailes étendues, sur une
touffe d'herbes. Je m'approchai de lui, et il s'en-
vola. Il fut s'abattre, à quelques pas de distance,
sur la terre, qui en cet endroit était de sa couleur. Je m'approchai de lui une seconde fois : il
prit encore sa volée, et fut se réfugier sur une
semblable lisière de terrain. Enfin, je ne pus
jamais l'obliger à se reposer sur l'herbe, quoique
je l'essayasse souvent, et que les espaces de terre
qui se trouvaient entre les touffes de gazon fussent étroits et en petit nombre. Au reste, cet instinct étonnant est bien évident dans le caméléon.

Dans l'âge de la faiblesse et de l'inexpérience,
la nature confond la couleur des animaux innocents avec celle des fonds qu'ils habitent. Les
petits des pigeons et de la plupart des oiseaux
granivores sont hérissés de poils verdâtres, sem-

blables aux mousses de leurs nids. Les chenilles
sont aveugles, et sont de la nuance des feuilles
et des écorces qu'elles rongent. Les jeunes fruits
mêmes, qui ne sont pas encore revêtus d'épines,
de cuirs, de pulpes amères ou de coques dures
qui protègent leurs semences, sont, pendant le
temps de leur développement, verts comme les
feuilles qui les avoisinent. Quelques embryons,
à la vérité, comme ceux de certaines poires, sont
roux ou bruns; mais ils sont alors de la couleur
de l'écorce de l'arbre où ils sont attachés. Quand
ces fruits ont leurs semences enfermées dans des
pépins ou des noyaux, et qu'elles sont hors de
danger, ils changent de couleur; ils deviennent
jaunes, bleus, dorés, rouges, noirs, et donnent
aux végétaux qui les portent leurs contrastes naturels. Il est très-remarquable que tout fruit qui
change de couleur a sa semence mûre. Les insectes ayant quitté de même les robes de l'enfance, livrés à leur propre expérience, se répandent dans le monde pour en multiplier les harmonies, avec les parures et les instincts que leur a
donnés la nature. C'est alors que des nuées de
papillons, qui dans l'état de chenilles se confon-
daient avec la verdure des plantes, viennent op-
poser les couleurs et les formes de leurs ailes à

celles des fleurs, le rouge au bleu, le blanc au
rouge, des antennes à des étamines, et des franges à des corolles. J'en ai un jour admiré un dont
les ailes étaient azurées et parsemées de points
couleur d'aurore, qui se reposait au sein d'une
rose épanouie. Il semblait disputer avec elle de
beauté. Il eût été difficile de dire lequel en méri-
tait mieux le prix, du papillon ou de la fleur;
mais en voyant la rose couronnée d'ailes de lapis,
et le papillon azuré posé dans une coupe de carmin, il était aisé de voir que leur charmant contraste ajoutait à leur mutuelle beauté.

La nature n'emploie point ces convenances et
ces contrastes agréables dans les animaux nuisibles, ni même dans les végétaux dangereux. De
quelque genre que soient les bêtes carnassières
ou venimeuses, elles forment, à tout âge et partout où elles sont, des oppositions dures et heurtées. L'ours blanc du Nord s'annonce sur les
neiges par des gémissements sourds, par la noirceur de son museau et de ses griffes, et par une
gueule et des yeux couleur de sang. Les bêtes
féroces, qui cherchent leur proie au milieu des
ténèbres, dans l'obscurité des forêts, préviennent
de leurs approches par des rugissements, des
cris lamentables, des yeux enflammés, des odeurs

urineuses ou fétides. Le crocodile, en embuscade
sur les grèves des fleuves de l'Asie, où il paraît
comme un tronc d'arbre renversé, exhale au loin
une forte odeur de musc. Le serpent à sonnette,
caché dans les prairies de l'Amérique, fait bruire
sous l'herbe ses sinistres grelots. Les insectes
mêmes qui font la guerre aux autres sont revêtus
de couleurs âtres, durement opposées, où le noir
surtout domine et se heurte avec le blanc ou le
jaune. Le bourdon, indépendamment de son sombre murmure, s'annonce par la noirceur de son
corselet et de son gros ventre hérissé de poils
fauves. Il paraît, au milieu des fleurs, comme un
charbon de feu à demi éteint. La guêpe carnivore
est jaune et bardée de noir comme le tigre. Mais
l'utile abeille est de la nuance des étamines et du
fond des calices des fleurs où elle fait d'innocen-
tes moissons.

Les plantes venimeuses offrent, comme les animaux nuisibles, d'affreux contrastes par les couleurs meurtries de leurs fleurs, où le noir, le gros
bleu, et le violet enfumé, sont en opposition tran-
chée avec des nuances tendres; par des odeurs
nauséabondes et virulentes; par des feuillages
hérissés, teints d'un vert noir et heurté de blanc
en-dessous : tels sont les aconits. Je ne connais

point de plante qui ait un aussi hideux aspect que celles de cette famille, et entre autres le napel, qui est le végétal le plus venimeux de nos climats...

Les animaux qui vivent sur deux fonds différents portent deux contrastes dans leurs couleurs. Ainsi, par exemple, le martin-pêcheur, qui vole le long des rivières, est à la fois couleur de musc et glacé d'azur, en sorte qu'il se détache des rivages rembrunis par sa couleur azurée, et de l'azur des eaux par sa couleur de musc. Le canard qui barbote sur les mêmes rivages, a le corps teint d'une couleur cendrée, et la tête et le cou de la verdure de l'émeraude, de manière qu'il se distingue parfaitement, par la couleur grise de son corps, de la verdure des nymphæa et des roseaux parmi lesquels il vogue, et par la verdure de sa tête et de son cou, des vases noires dans lesquelles, par un autre contraste fort étonnant, il ne salit jamais son plumage. Les mêmes contrastes de couleurs se rencontrent dans le pivert, qui vit sur les troncs des arbres, le long desquels il grimpe pour chercher des insectes sous leurs écorces. Cet oiseau est coloré à la fois de brun et de vert, en sorte que, quoiqu'il vive, pour ainsi dire, à l'ombre, on l'aperçoit cependant toujours sur le tronc des arbres; car il se détache de leurs sombres écorces par la partie de son plumage qui est d'un vert brillant, et de la verdure de leurs mousses et de leurs lichens, par la couleur de ses plumes, qui sont brunes. La nature oppose donc les couleurs de chaque animal à celles du fond qu'il habite; et ce qui confirme la vérité de cette grande loi, c'est que la plupart des oiseaux qui ne vivent que sur un fond n'ont qu'une seule couleur, qui contraste fortement avec celle de ce fond. Ainsi, les oiseaux qui vivent sur le fond azuré des cieux, au haut des airs, ou sur celui des eaux, au milieu des lacs, sont pour l'ordinaire de couleur blanche, celle de toutes les couleurs qui tranche le plus fortement sur le bleu, et par conséquent la plus propre à les faire apercevoir de loin. Tels sont, entre les tropiques, le paille-en-cul, oiseau d'un blanc satiné, qui vole au haut des airs; les aigrettes, les mauves, les goëlands, qui planent à la surface des mers azurées, et les cygnes, qui voguent en flottes au milieu des lacs du Nord. Il y en a d'autres aussi qui, pour contraster avec ceux-là, se détachent du ciel ou des eaux par des couleurs noires ou rembrunies : tels sont, par exemple, le corbeau de nos climats, qui s'aperçoit de si loin dans le ciel, sur la blancheur des nuages; plusieurs oiseaux de marine, bruns et noirâtres, comme la frégate des tropiques, qui se joue dans le ciel au milieu des tempêtes: le taille-mer, ou fauchet, oiseau de marine, qui rase de ses ailes sombres, taillées en faux, la surface blanche des flots écumeux de la mer.

On peut donc inférer de ces exemples, que dès qu'un animal n'a qu'une seule teinte, il n'habite qu'un seul site; et quand il réunit en lui le contraste de deux teintes opposées, qu'il vit sur deux fonds, dont les couleurs mêmes sont déterminées par celles du plumage ou du poil de l'animal. Cependant, il ne faut pas rendre cette loi trop générale, mais y faire entrer les exceptions que la sage nature a établies pour la conservation même des animaux, telles que de les blanchir en général au nord, dans les hivers et sur les hautes montagnes, pour les préserver de l'excès du froid en les revêtant de la couleur qui réfléchit le plus la chaleur; et de les rembrunir au midi, dans les ardeurs de l'été et sur les plages sablonneuses, pour les abriter des effets de la chaleur en les peignant de couleurs négatives. Ce qui prouve évidemment que ces grands effets d'harmonie ne sont point des résultats mécaniques de l'influence

des corps qui environnent les animaux, ou des
appréhensions de leurs mères sur les tendres organes de leurs fœtus, ou de l'action des rayons
du soleil sur leurs plumes, comme souvent notre
physique a cru les expliquer, c'est que parmi ce
nombre presque infini d'oiseaux qui passent leur
vie au haut des airs ou à la surface des mers dont
les couleurs sont azurées, il n'y a pas un seul
oiseau bleu; et qu'au contraire, plusieurs oiseaux
qui vivent entre les tropiques, au sein des noirs
rochers ou à l'ombre des sombres forêts, sont de
la couleur d'azur : tels sont la poule de Batavia,
qui est toute bleue, le pigeon hollandais de l'île
de France, etc.

Nous pouvons tirer de ces observations une autre conséquence aussi importante : c'est que toutes ces harmonies sont faites pour l'homme. Un
oiseau bleu sur le fond du ciel ou à la surface des
eaux, échapperait à notre vue. La nature d'ailleurs n'a réservé les couleurs agréables et riches
que pour les oiseaux qui vivent dans notre voisinage. Cela est si vrai que, quoique le soleil
agisse entre les tropiques avec toute l'énergie de
ses rayons sur les oiseaux de la pleine mer, il n'y
en a aucun dont le plumage soit revêtu de belles
couleurs, tandis que ceux qui habitent les rivages

des mers et des fleuves en ont souvent de magnifiques. Le flamant, grand oiseau qui vit dans les
lagunes des mers méridionales, a son plumage
blanc et lavé de carmin. Le toucan, des mêmes
grèves, a un énorme bec du rouge le plus vif; et
lorsqu'il le retire du sein des sables humides où
il cherche sa pâture, on dirait qu'il vient d'y
pêcher un tronçon de corail. Il y a une autre espèce de toucan dont le bec est blanc et noir, aussi
poli que s'il était d'ébène et d'ivoire. La pintade
au plumage maillé, les paons, les canards, les
martins-pêcheurs, et une foule d'autres oiseaux
riverains, embellissent, par l'émail de leurs couleurs, les bords des fleuves de l'Asie et de l'Afrique. Mais on ne voit rien qui leur soit comparable
dans le plumage de ceux qui habitent la pleine
mer, quoiqu'ils soient encore plus exposés aux
influences du soleil.

C'est par une suite de ces convenances avec
l'homme, que la nature a donné aux oiseaux qui
vivent loin de lui des cris aigus, rauques et per
çants, mais qui sont aussi propres que leurs couleurs tranchantes à les faire apercevoir de loin
au milieu de leurs sites sauvages. Elle a donné,
au contraire, des sons doux et des voix harmo-
nieuses aux petits oiseaux qui habitent nos bos-

quets et qui s'établissent dans nos habitations, afin qu'ils en augmentassent les agréments, autant par la beauté de leur ramage que par celle de leur coloris. Nous le répétons, afin de confirmer la vérité des principes d'harmonie que nous posons : c'est que la nature a établi un ordre de beauté si réel dans le plumage et le chant des oiseaux, qu'elle n'en a revêtu que les oiseaux dont la vie était en quelque sorte innocente par rapport à l'homme, comme ceux qui sont granivores, ou qui vivent d'insectes; et elle l'a refusé aux oiseaux de proie et à la plupart de ceux de marine, qui ont, pour l'ordinaire, des couleurs terreuses et des cris désagréables.

CHAPITRE III.

Sur les harmonies des plantes.

Si nous jetons un simple coup d'œil sur les plantes, nous verrons qu'elles ont des relations avec les éléments qui les font croître; qu'elles en ont entre elles, lorsqu'elles se groupent les unes avec les autres; qu'elles en ont avec les animaux qui s'en nourrissent, et enfin avec l'homme, qui est le centre de tous les ouvrages de la création. J'appelle ces relations harmonies; et je les distingue en végétales, en animales et en humaines. J'établirai, par cette division, un peu d'ordre dans l'examen que nous en allons faire. On peut bien penser que je ne les parcourrai pas en détail : celles d'une seule espèce nous fourniraient des spéculations que nous n'épuiserions pas dans le cours de la vie; mais je m'arrêterai assez à leurs harmonies générales pour nous convaincre qu'une intelligence infinie règne dans cette aimable partie de la création comme dans le reste de l'univers. Nous ferons ainsi l'application des lois que nous avons établie précédemment, et nous en entreverrons une multitude d'autres également dignes de nos recherches et de notre admiration. Lecteur, ne soyez point étonné de leur nombre ni de leur étendue; pénétrez-vous bien de cette vérité : *Dieu n'a rien fait en vain.* Un savant, avec sa méthode, se trouve arrêté dans la nature à chaque pas; un ignorant, avec cette clef, peut en ouvrir toutes les portes.

HARMONIES VÉGÉTALES DES PLANTES.

Nous allons examiner successivement les harmonies de leurs couleurs et de leurs formes.

La verdure des plantes, qui flatte si agréablement notre vue, est une harmonie de deux couleurs opposées dans leur génération élémentaire, du jaune, qui est la couleur de la terre, et du bleu, qui est la couleur du ciel. Si la nature avait coloré les plantes de jaune, elles se confondraient avec le sol; si elle les avait teintes en bleu, elles se confondraient avec le ciel et les eaux. Dans le premier cas, tout paraîtrait terre; dans le second, tout paraîtrait mer : mais leur verdure leur

4

donne des contrastes très-doux avec les fonds de
ce grand tableau, et des consonnances fort agréables avec la couleur fauve de la terre et avec
l'azur des cieux.

Cette couleur a encore cet avantage, qu'elle
s'accorde d'une manière admirable avec toutes
les autres ; ce qui vient de ce qu'elle est l'harmonie de deux couleurs extrêmes. Les peintres
qui ont du goût tendent d'étoffes vertes les murs
de leurs cabinets de peinture, afin que les tableaux, de quelques couleurs qu'ils soient, s'y
détachent sans dureté, et s'y harmonient sans
confusion.

La nature, non contente de cette première
teinte générale, a employé, en l'étendant sur le
fond de sa scène, ce que les peintres appellent des
passages ; elle a affecté une nuance particulière
de vert bleuâtre, que nous appelons vert de mer,
aux plantes qui croissent dans le voisinage des
eaux et des cieux. C'est cette nuance qui colore,
en général, celles des rivages, comme les roseaux,
les saules, les peupliers, et celles des lieux
élevés, comme les chardons, les cyprès et les
pins, et qui fait accorder l'azur des rivières avec
la verdure des prairies, et celui du ciel avec celle
des hauteurs. Ainsi, au moyen de cette nuance

légère et fuyarde, la nature répand des harmonies délicieuses sur les limites des eaux et sur les profils des paysages; et elle produit encore à l'œil une autre magie : c'est qu'elle donne plus de profondeur aux vallées et plus d'élévation aux montagnes.

Ce qu'il y a encore de merveilleux en ceci, c'est que, quoiqu'elle n'emploie qu'une seule couleur pour en revêtir tant de plantes, elle en tire une quantité de teintes si prodigieuse, que chacune de ces plantes a la sienne, qui lui est particulière, et qui la détache assez de sa voisine pour l'en distinguer; et chacune de ces teintes varie, chaque jour, depuis le commencement du printemps, où elles se montrent la plupart d'une verdure sanglante, jusqu'aux derniers jours de l'automne, où elles paraissent de différents jaunes.

La nature, après avoir ainsi mis d'accord le fond de son tableau par une couleur générale, en a détaché en particulier chaque végétal par des contrastes. Ceux qui devaient croître immédiatement sur la terre, sur des grèves ou sur de sombres rochers, sont entièrement verts, feuilles et tiges, comme la plupart des roseaux, des graminées, des mousses, des cierges et des aloès; mais ceux qui devaient sortir du milieu des herbes ont

des tiges de couleurs rembrunies, comme sont les
troncs de la plupart des arbres et des arbrisseaux.
Le sureau, par exemple, qui vient au milieu des
gazons, a ses tiges d'un gris cendré ; mais
l'hyèble, qui lui ressemble d'ailleurs en tout, et
qui naît immédiatement sur la terre, a les siennes
toutes vertes. L'armoise, qui croît le long des
haies, a ses tiges rougeâtres, par lesquelles elle
se distingue aisément des arbrisseaux voisins. Il
y a même, dans chaque genre de plantes, des
espèces qui, par leurs couleurs éclatantes, semblent être faites pour terminer les limites de leur
classe. Telle est, dans les cormiers, une espèce
appelée cormier du Canada, dont les branches
sont d'un rouge de corail. Il y a, parmi les saules, des osiers qui ont leurs scions jaunes comme
l'or ; mais il n'y a pas une seule plante qui ne se
détache entièrement du fond qui l'environne, par
ses fleurs et par ses fruits. On ne saurait supposer
que tant de variétés soient des résultats mécaniques de la couleur qui avoisine les corps : par
exemple, que le vert bleuâtre de la plupart des
végétaux de montagnes soit un effet de l'azur des
cieux. Il est digne de remarque que la couleur
bleue ne se trouve point, du moins que je sache,
dans les fleurs ou dans les fruits des arbres

élevés, car alors ils se seraient confondus avec le
ciel; mais elle est fort commune à terre, dans les
fleurs des herbes, telles que les bluets, les scabieuses, les violettes, les hépatiques, les riz, etc.
Au contraire, la couleur de terre est fort commune dans les fruits des arbres élevés, tels que
ceux des châtaigniers, des noyers, des cocotiers,
des pins. On doit entrevoir par là que le point de
vue de ce magnifique tableau a été pris des yeux
de l'homme.

La nature, après avoir distingué la couleur
harmonique de chaque végétal par la couleur con-
trastante de ses fleurs et de ses fruits, a suivi les
mêmes lois dans les formes qu'elle leur a données.
La plus belle des formes, comme nous l'avons vu,
est la forme sphérique; et le contraste le plus
agréable qu'elle puisse former est lorsqu'elle se
trouve opposée à la forme rayonnante. Vous trouverez fréquemment cette forme et son contraste
dans l'agrégation des fleurs appelées radiées,
comme la marguerite, qui a un cercle de petits
pétales blancs divergents qui environnent son
disque jaune : on le retrouve, avec d'autres combinaisons, dans les bluets, les asters, et une multitude d'autres espèces. Quand les parties rayonnantes de la fleur sont en-dehors, les parties

sphériques sont en-dedans, comme dans les espèces que je viens de nommer; mais quand les premières sont en-dedans, les parties sphériques sont en-dehors : c'est ce qu'on peut remarquer dans celles dont les étamines sont fort allongées, et les pétales en portions sphériques, telles que les fleurs d'aubépine et de pommier, et la plupart des rosacées et des liliacées. Quelquefois le contraste de la fleur est aux parties environnantes de la plante. La rose est une de celles où il est le plus fortement prononcé : son disque est formé de belles portions sphériques, son calice hérissé de barbes, et sa tige d'épines.

Lorsque la forme sphérique se trouve placée dans une fleur, entre la forme rayonnante et la parabolique, alors il y a une génération élémentaire complète, dont l'effet est toujours très-agréable; c'est aussi celui que produisent la plupart des fleurs que nous venons de nommer, par les profils de leurs calices, qui terminent leurs tiges élancées. Les bouquetières en connaissent tellement le mérite, qu'elles vendent une simple rose sur son rameau beaucoup plus cher qu'un gros bouquet des mêmes fleurs, surtout quand il y a quelques boutons qui présentent les progressions charmantes de la floraison. Mais la nature est si vaste, et mon incapacité si grande, que je m'en tiendrai à jeter un simple coup d'œil sur le contraste qui vient de la simple opposition des formes : il est si universel, que la nature l'a donné aux plantes qui ne l'avaient pas en elles-mêmes, en les opposant à d'autres qui avaient une configuration toute différente.

Les espèces opposées en formes sont presque toujours ensemble. Lorsqu'on rencontre un vieux saule sur le bord d'une rivière qui n'est pas dégradée, on y voit souvent un grand convolvulus en couvrir le feuillage rayonnant, de ses feuilles en cœur et de ses fleurs en cloches blanches, au défaut des fleurs apparentes que la nature a refusées à cet arbre. Diverses espèces de liserons produisent les mêmes harmonies sur diverses espèces de hautes graminées.

Ces plantes, appelées grimpantes, sont répandues dans tout le règne végétal, et réparties, je pense, à chaque espèce verticale. Elles ont bien des moyens différents de s'y accrocher, qui mériteraient seuls un traité particulier. Il y en a qui tournent en spirale autour des troncs des arbres des forêts, comme les chèvrefeuilles; d'autres, comme les pois, ont des mains à trois ou à cinq doigts, dont ils saisissent les arbrisseaux : il est très-remarquable que ces mains ne leur viennent que lorsqu'ils sont parvenus à la hauteur où ils commencent à en avoir besoin pour s'appuyer; d'autres s'attachent, comme la grenadille, avec des tire-bouchons; d'autres forment un simple crochet de la queue de leur feuille, comme la capucine : l'œillet en fait autant avec l'extrémité de la sienne. On soutient ces deux belles fleurs, dans nos jardins, avec des baguettes; mais ce serait un problème digne des recherches des fleuristes de trouver quelles sont les plantes, si je puis dire auxiliaires, auxquelles celles-ci étaient destinées à se joindre dans les lieux d'où elles tirent leur origine : on formerait par leur réunion des groupes charmants.

Je suis persuadé qu'il n'y a pas un végétal qui n'ait son opposé dans quelques parties de la terre : leur harmonie mutuelle est la cause du secret plaisir que nous éprouvons dans les lieux agrestes où la nature a la liberté de les rassembler. Le sapin s'élève, dans les forêts du Nord, comme une haute pyramide, d'un vert sombre et d'un port immobile. On trouve presque toujours, dans son voisinage, le bouleau, qui croît à sa hauteur, de la forme d'une pyramide renversée, d'une verdure gaie, et dont le feuillage mobile joue sans cesse au gré des vents. Le trèfle aux feuilles rondes aime à croître au milieu de l'herbe fine, et à la parer de ses bouquets de fleurs. Je crois même que la nature n'a découpé profondément les feuilles de beaucoup de végétaux que pour faciliter ces sortes d'alliances, et ménager des passages aux graminées, dont la verdure et la finesse des tiges forment avec elle une infinité de contrastes. On en voit assez d'exemples dans les champs incultes, où les touffes d'herbe percent à travers les larges plantes des chardons et des vipérines. C'est aussi afin que les graminées, qui sont les plus utiles de tous les végétaux, pussent recevoir une portion des pluies du ciel à travers les larges feuillages de ces enfants privilégiés de la nature, qui étoufferaient tout ce qui les environne, sans leurs profondes découpures. La nature ne fait rien pour le simple plaisir, qu'elle n'y joigne quelque raison d'utilité; celle-ci me paraît d'autant plus marquée, que les découpures des feuilles sont beaucoup plus communes et plus grandes dans les plantes et les sous-arbrisseaux qui s'élèvent peu de terre, que dans les arbres.

Les harmonies qui résultent des contrastes se retrouvent jusque dans les eaux. Le roseau, sur le bord des fleuves, dresse en l'air ses feuilles

rayonnantes et sa quenouille rembrunie, tandis
que le nymphæa étend à ses pieds ses larges
feuilles en cœur et ses roses dorées; l'un présente
sur les eaux une palissade, et l'autre un plancher
de verdure. On retrouve des oppositions semblables jusque dans les plus affreux climats. Martens
de Hambourg, qui nous a donné une fort bonne
relation du Spitzberg, dit que, lorsque les matelots du vaisseau dans lequel il naviguait sur ses
côtes, tiraient leur ancre du fond de la mer, ils
amenaient presque toujours avec elle une feuille
d'algue fort large, de six pieds de long, et attachée
à une queue de pareille longueur; cette feuille
était lisse, de couleur brune, tachetée de noir,
rayée de deux raies blanches, et faite en forme
de langue : il l'appelle plante de roche. Mais ce
qu'il y a de singulier, c'est qu'elle était ordinairement accompagnée d'une plante chevelue, de
six pieds de long, semblable à la queue d'un
cheval, et formée de poils si fins, qu'on pouvait,
dit-il, l'appeler soie de roche. Il trouva sur ces
tristes rivages, où l'empire de Flore est si désolé,
le cochléaria et l'oseille, qui croissaient ensemble. La feuille du premier est arrondie en forme
de cuiller, et celle de l'autre allongée en fer de
flèche. Un médecin habile, appelé Bartholin, a

observé que les vertus de leurs sels sont aussi opposées que leurs configurations : ceux du premier sont alcalins, ceux de l'autre sont acides; et le leur réunion il résulte ce que les médecins appellent sel neutre (qu'ils devraient plutôt appeler sel harmonique), le plus puissant remède qu'on puisse employer contre le scorbut, qui attaque ordinairement les hommes dans ces terribles climats. Pour moi, je soupçonne que les qualités des plantes sont harmoniques comme leurs formes, et que toutes les fois que nous en rencontrons de groupées agréablement et constamment, il doit résulter de la réunion de leurs qualités, pour la nourriture, pour la santé, ou pour le plaisir, une harmonie aussi agréable que celle qui naît du contraste de leurs figures. C'est une présomption que je pourrais appuyer de l'instinct des animaux qui, en broutant les herbes, varient le choix de leurs aliments; mais cette considération me ferait sortir de mon sujet.

Je ne finirais pas si j'entrais dans quelque détail sur les harmonies de tant de plantes que nous méprisons parce qu'elles sont faibles ou communes. Si nous les supposions, par la pensée, de la grandeur de nos arbres, la majesté des palmiers disparaîtrait devant la magnificence de

leurs attitudes et de leurs proportions. Il y en a,
telles que les vipérines, qui s'élèvent comme de
superbes candélabres, en formant un vide autour
de leur centre, et en portant vers le ciel leurs bras
épineux, chargés dans toute leur longueur de
girandoles de fleurs violettes. Le verbascum, au
contraire, étend autour de lui ses larges feuilles
drapées, et pousse de son centre une longue quenouille de fleurs jaunes, aussi douces à la poitrine
qu'au toucher. Les violettes au bleu foncé con-
trastent, au printemps, avec les primevères aux
coupes d'or et aux lèvres écarlates. Sur des an-
gles rembrunis de rocher, à l'ombre des vieux
hêtres, des champignons blancs et ronds comme
des dames d'ivoire s'élèvent au milieu des lits de
mousse du plus beau vert.

Les champignons seuls présentent une multitude de consonnances et de contrastes inconnus.
Cette classe est d'abord la plus variée de toutes
celles des végétaux de nos climats. Sébastien le
Vaillant en compte cent quatre espèces dans les
environs de Paris, sans compter les fongoïdes,
qui en fournissent au moins une douzaine d'autres. La nature les a dispersés dans la plupart
des lieux ombragés, où ils forment souvent les
contrastes les plus extraordinaires. Il y en a qui

ne viennent que sur les rochers nus, où ils présentent une forêt de petits filaments, dont chacun
est surmonté de son chapiteau. Il y en a qui
croissent sur les matières les plus abjectes, avec
les formes les plus graves : tel est celui qui vient
sur le crottin de cheval, et qui ressemble à un
chapeau romain, dont il porte le nom. D'autres
ont des convenances d'agrément : tel est celui
qui croît au pied de l'aune, sous la forme d'un
pétoncle. Quelle est la nymphe qui a placé un
coquillage au pied de l'arbre des fleuves? Cette
nombreuse tribu paraît avoir sa destinée attachée
à celle des arbres, qui ont chacun leur champignon qui leur est affecté, et qu'on trouve rare-
ment ailleurs : tels sont ceux qui ne croissent que
sur les racines des pruniers et des pins. Le ciel a
beau verser des pluies abondantes, les champignons, à couvert sous leurs parapluies, n'en reçoivent pas une goutte. Ils tirent toute leur vie
de la terre et du grand végétal auquel ils ont lié
leur fortune; semblables à ces petits Savoyards
qui sont placés comme des bornes aux portes des
hôtels, ils établissent leur subsistance sur la
surabondance d'autrui; ils naissent à l'ombre des
puissances des forêts, et vivent du superflu de
leurs magnifiques hôtes.

D'autres végétaux présentent des oppositions de la force à la faiblesse dans un autre genre, et des convenances de protection plus distinguée. Ceux-là, comme de grands seigneurs, laissent leurs faibles amis à leurs pieds : ceux-ci les portent dans leurs bras et sur leurs têtes. Ils reçoivent souvent la récompense de leur noble hospitalité. Les lianes qui, dans les îles Antilles, s'attachent aux arbres des forêts, les défendent de la fureur des ouragans. Le lierre, ami des monuments et des tombeaux, le lierre, dont on couronnait jadis les grands poètes qui donnent l'immortalité, couvre quelquefois de son feuillage les troncs des plus grands arbres. Il est une des fortes preuves des compensations végétales de la nature; car je ne me rappelle pas en avoir jamais vu sur les troncs des pins, des sapins, ou des arbres dont le feuillage dure toute l'année. Il ne revêt que ceux que l'hiver dépouille. Symbole d'une amitié généreuse, il ne s'attache qu'aux malheureux; et lorsque la mort même a frappé son protecteur, il le rend encore l'honneur des forêts où il ne vit plus : il le fait renaître en le décorant de guirlandes de fleurs et de festons d'une verdure éternelle.

La plupart des plantes qui croissent à l'ombre

ont les couleurs les plus apparentes : ainsi les mousses font briller leur vert d'émeraude sur les flancs sombres des rochers. Dans les forêts, les champignons et les agarics se distinguent par leurs couleurs des racines des arbres sur lesquels ils croissent. Le lierre se détache de leurs écorces grises par son vert lustré; le gui fait apparaître ses rameaux d'un vert jaune, et ses fruits semblables à des perles, dans l'épaisseur de leurs feuillages; le convolvulus aquatique fait éclater ses grandes cloches blanches sur le tronc du saule: la vigne vierge tapisse de verdure les anciennes tours, et, dans l'automne, son feuillage d'or et de pourpre semble fixer sur leurs flancs rembrunis les riches couleurs du soleil couchant. D'autres plantes, entièrement cachées, se découvrent par leurs parfums. C'est de cette manière que l'obscure violette appelle la main de l'homme au sein des buissons épineux. Ainsi se vérifie de toutes parts cette grande loi des contrastes qui gouverne le monde : aucune agrégation n'est dans les plantes l'effet du hasard.

La nature a établi dans les nombreuses tribus du règne végétal une multitude d'habitudes dont la fin nous est inconnue. Il y a des plantes, par exemple. dont les sexes sont sur des individus

différents, comme parmi les animaux; il y en a
d'autres qu'on trouve toujours réunies en plusieurs touffes, comme si elles aimaient à vivre en
société; d'autres, au contraire, se rencontrent
presque toujours seu'es. Je présume que plusieurs
le ces rapports sont liés avec les mœurs des
viseaux qui vivent de leurs fruits, et qui les res-
_èment. Souvent les herbes représentent, dans
es prairies, le port des arbres des forêts; il y en
a qui, par leurs feuillages et leurs proportions,
ressemblent au pin, au sapin et au chêne : je
crois même que chaque arbre a une consonnance
dans les herbes. C'est par cette magie que de
petits espaces nous offrent l'étendue d'un grand
terrain. Si vous êtes sous un bosquet de chênes,
et que vous aperceviez sur un tertre voisin des
touffes de germandrées, dont le feuillage leur
ressemble en petit, vous éprouverez les effets
d'une perspective. Ces dégradations de proportions s'étendent même des arbres jusqu'aux
mousses, et sont les causes, en partie, du plaisir
que nous éprouvons dans les lieux agrestes,
quand la nature a eu le loisir d'y disposer ses
plans. L'effet de ces illusions végétales y est si
certain, que si on les fait défricher, le terrain, dé-
pouillé de ses végétaux naturels, paraît beaucoup
plus petit qu'au

La nature emploie encore des dégradations de verdure qui, étant plus légère au sommet des arbres qu'à leur base, les fait paraître plus élevés qu'ils ne le sont. Elle affecte encore la forme pyramidale à plusieurs arbres de montagnes, afin d'augmenter à la vue l'élévation de leur site; c'est ce qu'on peut reconnaître dans les mélèzes, les sapins, les cyprès, et dans plusieurs plantes qui croissent sur les hauteurs. Quelquefois elle réunit dans le même lieu les effets des saisons ou des climats les plus opposés. Elle tapisse, dans les pays chauds, des flancs entiers de montagnes de cette plante qu'on appelle glaciale, parce qu'elle semble toute couverte de glaçons : on croirait, au milieu de l'été, que Borée y a soufflé tous les frimas du Nord. D'un autre côté, on trouve en Russie des mousses au milieu de l'hiver, qui, par la couleur rousse et enfumée de leurs fleurs, paraissent avoir été incendiées. Dans nos climats pluvieux, elle couronne les sommets des coteaux de genêts et de romarins, et le haut des vieilles tours de girofées jaunes : au milieu du jour le plus sombre, on croit y voir luire les rayons du soleil. Dans un autre lieu, elle produit les effets du vent au milieu du plus grand calme. Il ne faut, en Amérique, qu'un oiseau qui vienne

se poser sur une touffe de sensitives pour en faire
mouvoir toute la lisière, qui s'étend quelquefois à
un demi-quart de lieue. Le voyageur européen
s'arrête, et s'étonne de voir l'air tranquille et
l'herbe en mouvement. Quelquefois même j'ai
pris, dans nos bois, le murmure des peupliers et
des trembles pour celui des ruisseaux; plus d'une
fois, assis sous leurs ombrages au bord des
prairies, dont les vents faisaient ondoyer les herbes, ce double frémissement a fait passer dans
mon sang la fraîcheur imaginaire des eaux. Souvent la nature emploie les vapeurs de l'air pour
donner plus d'étendue à nos paysages. Elle les
répand au fond des vallées, et les arrête aux cou-
des des fleuves, en laissant entrevoir par intervalles leurs longs canaux éclairés du soleil. Elle
en multiplie ainsi les plans et en prolonge l'étendue. Quelquefois elle enlève ce voile magique du
fond des vallées, et le roulant sur les montagnes
voisines, où elle le teint de vermillon et d'azur,
elle confond la circonférence de la terre avec la
voûte des cieux. C'est ainsi qu'elle emploie les
nuages, aussi légers que les illusions de la vie, à
nous élever vers le ciel; qu'elle répand au milieu
de ses mystères les sensations ineffables de l'infini, et qu'elle ôte à nos sens la vue de ses ouvra-

ges, pour en donner à notre âme un plus profond sentiment.

HARMONIES ANIMALES DES PLANTES

La nature, après avoir établi sur un sol formé de débris, insensible et mort, des végétaux doués des principes de la vie, de l'accroissement et de la génération, a ordonné à ceux-ci des êtres qui avaient, avec ces mêmes facultés, la puissance de se mouvoir, des convenances pour les habiter, des passions pour s'en nourrir, et un instinct pour en faire le choix : ce sont les animaux. Je ne parlerai ici que des relations les plus communes qu'ils ont avec les plantes; mais si je m'occupais de celles que leurs tribus innombrables ont avec les éléments, entre elles-mêmes et avec l'homme, quelle que soit mon ignorance, j'ouvrirais une multitude de scènes encore plus dignes d'admiration.

La nature, dans un ordre tout nouveau, n'a point changé ses lois; elle a établi les mêmes harmonies et les mêmes contrastes, des animaux aux plantes, que des plantes aux éléments. Il paraîtrait naturel à notre faible raison, et conséquent aux grands principes de nos sciences, qui donnent tant de puissance aux analogies et aux causes physiques, que tant d'êtres sensibles qui naissent au milieu de la verdure en fussent à la longue affectés. Les impressions de leurs parents, jointes à celles de leur enfance, qui servent à expliquer tant de choses dans le genre humain, se fortifiant en eux, de générations en générations, par de nouvelles teintes, on devrait voir, à la longue, des bœufs et des moutons verts comme le pré qui les nourrit. Nous avons observé que, comme les végétaux étaient détachés de la terre par leur couleur verte, les animaux qui vivent sur la verdure s'en distinguent à leur tour par des couleurs rembrunies, et que ceux qui vivent sur les écorces sombres des arbres, ou sur d'autres fonds obscurs, sont revêtus de couleurs brillantes et quelquefois vertes.

Nous remarquerons, à ce sujet, que plusieurs espèces d'oiseaux, qui vivent aux Indes dans les feuillages des arbres, comme la plupart des perroquets, beaucoup de colibris, et même des tourterelles, sont du plus beau vert; mais indépendamment des taches et des marbrures blanches, bleues ou rouges, qui distinguent leurs différentes tribus, et qui les font apercevoir de loin dans les arbres, la verdure brillante de leur plumage les détache très-avantageusement de la verdure sombre et rembrunie de ces forêts méridionales. Nous avons vu que la nature employait ce moyen général pour affaiblir les reflets de la chaleur; mais pour ne pas confondre les objets de son tableau, si elle a rembruni le fond de la scène, elle a rendu les habits des acteurs plus éclatants.

Il paraît qu'elle a réparti les espèces d'animaux les plus agréablement colorés aux espèces de végétaux dont les fleurs sont le moins apparentes, comme une compensation. Il y a bien moins de fleurs brillantes entre les tropiques que dans les zones tempérées, et en récompense les insectes, les oiseaux et même les quadrupèdes, comme plusieurs espèces de singes et de lézards, y ont les couleurs les plus vives. Lorsqu'ils se posent sur les végétaux qui leur sont propres, ils y forment les plus beaux contrastes et les harmonies les plus aimables. Je me suis quelquefois arrêté, aux îles, à considérer de petits lézards qui vivent sur les écorces des arbres, où ils prennent des mouches. Ils sont du plus beau vert pomme, et ils ont sur le dos des espèces de caractères du rouge le plus vif, qui ressemblent à des lettres arabes. Lorsqu'un cocotier en avait plusieurs dispersés le

long de sa tige, il n'y avait point d'obélisque
égyptien, de porphyre, avec ses hiéroglyphes
qui me parût aussi mystérieux et aussi magnifique. J'y ai vu aussi des volées de petits oiseaux,
appelés cardinaux, parce qu'ils sont tout rouges,
se reposer sur des buissons dont la verdure était
noircie par le soleil, et les faire paraître comme
des girandoles de lampions. Le P. du Tertre dit
qu'il n'y a point, aux Antilles, de spectacle plus
brillant que de voir des compagnies d'aras s'a-
battre au sommet d'un palmiste. Le bleu, le
rouge et le jaune de leur plumage couvre les rameaux de l'arbre sans fleurs du plus superbe
émail. On voit des harmonies à peu près sembla-
blables dans nos climats. Le chardonneret, à tête
rouge et aux ailes bordées de jaune, paraît de
loin, sur un buisson, comme la fleur du chardon
où il est né. Quelquefois on prend des bergeron-
nettes couleur d'ardoise, qui se reposent aux extrémités des feuilles d'un roseau, pour des fleurs
d'iris.

Il serait fort curieux de rassembler un grand
nombre de ces oppositions et de ces analogies.
Elles nous mèneraient à trouver la plante qui
convient le mieux à chaque animal. Les naturalistes ne se sont point occupés de ces convenan-

ces, ceux qui ont écrit l'histoire des oiseaux les
ont classés par les pieds, les becs et les narines.
Quelquefois ils parlent des saisons où ils paraissent, mais presque jamais des arbres où ils
vivent. Il n'y a que ceux qui, faisant des collec-
tions de papillons, sont souvent obligés de les
chercher dans l'état de nymphes ou de chenilles,
qui ont quelquefois distingué ces insectes par les
noms des végétaux où ils les ont trouvés. Telles
sont les chenilles du tithymale, du pin, de
l'orme, etc., qu'ils ont reconnues pour être particulières à ces végétaux. Mais il n'y a point d'animal
qu'on ne puisse rapporter à une plante qui lui est
propre.

Nous avons divisé les plantes en aériennes, en
aquatiques, en terrestres, comme les animaux le
sont eux-mêmes, et nous avons trouvé, dans les
deux classes extrêmes, des concordances constantes avec leurs éléments. On peut encore les
diviser en deux classes, en arbres et en herbes,
comme les animaux le sont aussi en quadrupèdes
et en volatiles. La nature ne rapproche pas les
deux règnes en consonnances, c'est-à-dire en attachant les grands animaux aux grands végétaux; mais elle les réunit par des contrastes, en
faisant accorder la classe des arbres avec celle

des petits animaux, et celle des herbes avec les grands quadrupèdes; et, par ces oppositions, elle donne des convenances de protection aux faibles et de commodité aux puissants.

Cette loi est si générale, que j'ai remarqué que par tout pays où les espèces de graminées sont peu variées, celles des quadrupèdes qui y vivent sont peu nombreuses, et que là où les espèces d'arbres sont multipliées, celles des volatiles le sont pareillement. C'est ce dont on peut s'assurer par les herbiers de plusieurs endroits de l'Amérique, entre autres par ceux de la Guiane et du Brésil, qui présentent peu de variétés dans les graminées, et qui en offrent un grand nombre dans les arbres. On sait que ces pays ont, en effet, peu de quadrupèdes naturels, et qu'ils sont, au contraire, peuplés d'une infinité d'oiseaux et d'insectes.

Si nous jetons un coup d'œil sur les rapports des graminées aux quadrupèdes, nous trouverons que, malgré leur contraste apparent, il y a entre eux une multitude de convenances réelles. Le peu d'élévation des graminées les met à la portée des mâchoires des quadrupèdes, dont la tête est dans une situation horizontale, et souvent inclinée vers la terre. Leurs gerbes déliées semblent faites

pour être saisies par des lèvres larges et char-
nues; leurs tendres tiges, facilement tranchées
par des dents incisives; leurs semences farineuses, aisément broyées par des dents molaires.
D'ailleurs, leurs touffes épaisses, et élastiques
sans être ligneuses, présentent de molles litières
à des corps pesants.

Si, au contraire, nous examinons les convenances qu'il y a entre les arbres et les oiseaux, nous
verrons que les branches des arbres sont facilement embrassées par les pieds à quatre doigts de
la plupart des volatiles, que la nature a disposés
de façon qu'il y en a trois en avant et un en arrière afin qu'ils pussent les saisir comme avec des
mains. De plus, les oiseaux trouvent, dans les
divers étages des feuilles, des abris contre la
pluie, le soleil et le froid, à quoi contribuent encore les épaisseurs des troncs. Les trous qui se
forment sur ceux-ci, et les mousses qui y croissent, leur donnent des logements pour faire leurs
nids, et des matelas pour les tapisser. Les semences rondes ou allongées des arbres sont pro-
portionnées à la forme de leurs becs. Ceux qui
portent des fruits charnus logent des oiseaux qui
ont les becs pointus ou courbés comme des
pioches. Dans les îles des pays situés entre les

tropiques, et le long des grands fleuves de l'Amérique, la plupart des arbres maritimes et fluviatiles, entre autres plusieurs espèces de palmiers,
portent des fruits revêtus de coques très-dures,
afin qu'ils puissent flotter sur les eaux qui les
ressèment au loin; mais leur enveloppe ne les
met pas à couvert des oiseaux. Les diverses tribus
des perroquets qui les habitent, et dont je crois
qu'il y a une espèce répartie à chaque espèce de
palmier, trouvent bien le moyen d'ouvrir leur
graine avec des becs crochus, qui percent comme
les alènes et qui pincent comme des tenailles.

La nature a encore ordonné des animaux d'un
troisième ordre, qui trouvent dans l'écorce ou
dans la fleur d'une plante autant de commodités
qu'un quadrupède en a dans une prairie, ou un
oiseau dans un arbre entier : ce sont les insectes.
Quelques naturalistes les ont divisés en six grandes tribus, qu'ils ont caractérisées, suivant leur
coutume, quoique assez inutilement, par des noms
grecs. Ils les classent en insectes coléoptères ou à
étuis, comme les scarabées, tels que nos hanne-
tons; en hémiptères ou à demi-étuis, comme les
gallinsectes, tels que le kermès; en tétraptères ou
à quatre ailes farineuses, comme les papillons;
en tétraptères qui ont quatre ailes nues, comme

les abeilles; en diptères ou à deux ailes nues, comme les mouches communes; et en aptères ou sans ailes, comme les araignées. Mais ces six classes ont une multitude de divisions et de subdivisions qui réunissent les espèces d'insectes de formes et d'instincts les plus disparates, et qui en séparent beaucoup d'autres qui ont d'ailleurs entre elles beaucoup d'analogie.

Quoi qu'il en soit, cet ordre d'animaux paraît particulièrement affecté aux arbres. Pline observe que les fourmis sont très-friandes des graines du cyprès. Il dit qu'elles attaquent les cônes qui les renferment, quand ils s'entr'ouvrent dans leur maturité, sans y en laisser une seule; et il regarde comme un miracle de la nature qu'un si petit animal détruise la semence d'un des plus grands arbres du monde. Je crois qu'on ne pourra jamais établir, dans les diverses tribus d'insectes, un véritable ordre, et dans leur étude, l'utilité et l'agrément dont elle est susceptible, qu'en les rapportant aux diverses parties des végétaux. Ainsi on rapporterait aux nectaires des fleurs les papillons et les mouches qui ont des trompes, pour en recueillir les sucs; à leurs étamines, les mouches qui, comme les abeilles, ont des cuillers creusées dans leurs cuisses garnies de poils, pour en serrer les poussières, et quatre ailes pour emporter leur butin; aux feuilles des plantes, les mouches communes et les gallinsectes, qui ont des pieux pointus et creux pour y faire des incisions et en boire les liqueurs; aux graines, les scarabées, comme les charançons, qui devaient s'y enfoncer pour vivre de leur farine, et qui ont leurs ailes renfermées dans des étuis pour ne pas les gâter, et des râpes pour y faire des ouvertures; aux tiges, les vers qui sont tout nus, parce qu'ils n'avaient pas besoin d'être vêtus dans la substance du bois qui les abrite de toutes parts; mais ils ont des tarières avec lesquelles ils viennent quelquefois à bout de détruire des forêts; enfin, aux débris de toutes espèces, les fourmis qui ont des pinces et l'instinct de se réunir en corps pour dépecer et emporter tout ce qui leur convient. La desserte de cette grande table végétale est entraînée par les pluies aux rivières, et de là à la mer, où elle présente un nouvel ordre de relations avec les poissons. Il est digne de remarque que les plus puissants appâts qu'on puisse leur présenter sont tirés du règne végétal, et particulièrement des graines ou des substances des plantes qui ont les caractères aquatiques que nous avons indiqués, tels que la ccque du Levant, le souchet de Smyrne, le suc de tithymale, le nard celtique, le cumin, l'abis, l'ortie, la marjolaine, la racine d'aristoloche et la graine de chènevis. Ainsi, les relations de ces plantes avec les poissons confirment ce que nous avons dit de celles de leurs graines avec les eaux.

Ce serait en rapportant les diverses tribus d'insectes aux diverses parties des plantes, que nous verrions les raisons qui ont déterminé la nature à donner à ces petits animaux des figures si extraordinaires. Nous connaitrions les usages de leurs outils, dont la plupart nous sont inconnus, et nous aurions de nouveaux sujets d'admirer l'intelligence divine et de perfectionner la nôtre. D'un autre côté, cette lumière répandrait le plus grand jour sur beaucoup de parties des plantes dont les botanistes ignorent l'utilité, parce qu'elles n'ont de convenances qu'avec les animaux. Je suis persuadé qu'il n'y a pas un végétal qui n'ait au moins un individu de chacune des six classes générales d'insectes reconnues par les naturalistes. Comme la nature a divisé chaque genre de plantes en diverses espèces, pour les rendre capables de croître dans différents sites, elle a divisé de même chaque genre d'insectes en

diverses espèces, pour les rendre propres à habiter différentes espèces de plantes. Elle a peint
pour cette raison, et numéroté de mille manières
diverses, mais invariables, les divisions presque
infinies de la même branche. Par exemple, on
trouve constamment sur l'orme le beau papillon
appelé brocatelle d'or, à cause de sa riche couleur. Celui qu'on nomme les quatre *omicron*, et
qui vit je ne sais où, produit toujours des descen-
dants qui portent cette lettre grecque, imprimée
quatre fois sur leurs ailes. Il y a une espèce
d'abeille à cinq crochets, qui ne vit que sur les
fleurs radiées; sans ces crochets elle ne pourrait
se cramponner sur les miroirs plans de ces fleurs,
et se charger de leurs étamines aussi aisément
que l'abeille commune, qui travaille, pour l'ordinaire, au fond de celles dont la corolle est pro-
fonde.

Ce n'est pas que je pense qu'une plante nour-
risse dans ses diverses variétés toutes les branches collatérales d'une famille d'insectes. Je crois
que chaque genre, parmi ceux-ci, s'étend beaucoup plus loin que le genre de plantes qui lui sert
principalement de base. En cela, la nature mani-
feste une autre de ses lois, par laquelle elle a
rendu ce qu'il y a de meilleur le plus commun.

Comme l'animal est d'une nature supérieure au végétal, les espèces du premier sont plus multipliées et plus répandues que celles du second. Par exemple, il n'y a pas seize cents espèces de plantes dans les environs de Paris, et on y compte près de six mille espèces de mouches. Je présume donc que les diverses tribus de plantes se croisent avec celles des animaux, ce qui rend leurs espèces susceptibles de différentes harmonies. On en peut juger par la variété des goûts, dans les oiseaux de la même famille. La fauvette à tête noire niche dans les lierres; la fauvette à tête rousse des murailles, dans le voisinage des chènevières; la fauvette brune, sur les arbres des grands chemins, où elle compose son nid de crins de cheval. On en compte de douze espèces dans nos climats, qui ont chacune leur département. Nos diverses sortes d'alouettes sont aussi réparties à différents sites, aux bois, aux prés, aux bruyères, aux terres labourées et aux rivages de la mer.

Il y a des observations bien intéressantes à faire sur les durées des végétaux, qui sont inégales, quoique soumises aux influences des mêmes éléments. Le chêne sert de monument aux nations, et le nostoc, qui croît à ses pieds, ne vit

qu'un jour. Tout ce que j'en peux dire en général,
c'est que le temps de leur dépérissement n'est
point réglé sur celui de leur accroissement, ni
celui de leur fécondité proportionné à leur faiblesse, aux climats ou aux saisons, comme on l'a
prétendu. Pline cite des yeuses, des planes et
des cyprès qui existaient de son temps, et qui
étaient plus anciens que Rome, c'est-à-dire qui
avaient plus de sept cents ans. Il dit qu'on voyait
encore auprès de Troie, autour du tombeau
d'Ilus, des chênes qui y étaient du temps que
Troie prit le nom d'Ilium, ce qui fait une antiquité
bien plus reculée. J'ai vu en basse Normandie,
dans le cimetière d'une église de village, un
vieux if planté du temps de Guillaume-le-Conqué-
rant; il est encore chargé de verdure, quoique
son tronc, caverneux et tout percé à jour, ressemble aux douves d'un vieux tonneau. Il y a des
buissons même qui semblent immortels; on
trouve, en plusieurs endroits du royaume, des
aubépines que la dévotion des peuples a consa-
crées par des images de la bonne Vierge, qui
durent depuis plusieurs siècles, comme on peut
le vérifier par les titres des chapelles qu'on a
bâties auprès. Mais, en général, la nature a proportionné la durée et la fécondité des plantes aux

bésoins des animaux. Beaucoup de plantes périssent aussitôt qu'elles ont donné leurs graines, qu'elles abandonnent aux vents; il y en a, telles que les champignons, qui ne vivent que quelques jours, comme les espèces de mouches qui s'en nourrissent. D'autres conservent leur semence tout l'hiver, pour l'usage des oiseaux : tels sont la plupart des buissons. La fécondité des plantes n'est pas proportionnée à leur petitesse, mais à la fécondité de l'espèce animale qui doit s'en nourrir : le panic, le petit mil, et quelques autres graminées si utiles aux bêtes et aux hommes, produisent incomparablement plus de grains que beaucoup de plantes plus grandes et plus petites qu'elles. Il y a beaucoup d'herbes qui ne se perpétuent par leurs semences qu'une fois dans un an; mais le mouron se renouvelle par les siennes jusqu'à sept à huit fois, sans être interrompu même pendant l'hiver. Il donne des grains mûrs six semaines après qu'il a été semé. La capsule qui les renferme se renverse alors vers la terre et s'entr'ouvre, pour les laisser emporter aux vents et aux pluies, qui les ressèment partout. Cette plante assure toute l'année la subsistance des petits oiseaux dans nos climats. Ainsi la Providence est d'autant plus grande que sa créature est plus faible.

D'autres plantes ont des relations d'autant plus
touchantes avec les animaux que les climats et
les saisons semblent exercer plus de rigueur envers ceux-ci. Si ces convenances étaient appro-
fondies, elles expliqueraient toutes les variétés
de la végétation dans chaque latitude et dans
chaque saison. Pourquoi, par exemple, la plupart
des arbres du Nord perdent-ils leurs feuilles en
hiver, et pourquoi ceux du Midi les conservent-
ils toute l'année? Pourquoi, malgré le froid des
hivers du Nord, les sapins y restent-ils couverts
de verdure? Il est difficile d'en trouver la cause;
mais il est aisé d'en reconnaître la fin. Si les bouleaux et les mélèzes du Nord laissent tomber
leurs feuilles à l'entrée de l'hiver, c'est pour donner des litières aux bêtes des forêts; et si le sapin
pyramidal y conserve les siennes, c'est pour leur
ménager des abris au milieu des neiges. Cet arbre offre alors aux oiseaux les mousses qui sont
suspendues à ses branches, et ses cônes remplis
de pignons mûrs. Souvent, dans son voisinage,
des bocages de sorbiers font briller, pour eux,
leurs grappes de baies écarlates. Dans les hivers
de nos climats, plusieurs arbrisseaux toujours
verts, comme le lierre, l'alaterne, et d'autres qui
restent chargés de baies noires ou rouges qui

tranchent avec les neiges, comme les troënes, les
épines et les églantiers, présentent aux volatiles
des habitations et des aliments. Dans les pays de
la zone torride, la terre est tapissée de lianes
fraîches, et ombragée d'arbres au large feuillage,
sous lesquels les animaux trouvent de la fraîcheur. Les arbres mêmes de ces climats semblent
craindre d'exposer leurs fruits aux brûlantes ardeurs du soleil : au lieu de les dresser en cônes,
ou d'en couvrir la circonférence de leur tête, ils
les cachent souvent sous un feuillage épais, et les
portent attachés à leur tronc ou à la naissance de
leurs branches : tels sont les jacquiers, les palmiers de toutes les espèces, les papayers, et une
multitude d'autres. Si leurs fruits n'invitent pas
au-dehors les animaux par des couleurs apparentes, ils les appellent par des bruits. Les lourds
cocos, en tombant de la hauteur de l'arbre qui les
porte, font retentir au loin la terre. Les siliques
noires du canéficier, lorsqu'elles sont mûres et
que le vent les agite, font en se choquant le bruit
du tictac d'un moulin. Quand le fruit grisâtre du
genipa des Antilles tombe, dans sa maturité, il
pète à terre comme un coup de pistolet. A ce signal, sans doute, plus d'un convive vient chercher sa réfection. Ce fruit semble particulière-

ment destiné aux crabes de terre, qui en sont
très-friands, et qui s'engraissent en très-peu de
temps par cette nourriture. Il leur aurait été
fort inutile de l'apercevoir dans l'arbre, où ils
ne peuvent grimper; mais ils sont avertis du
moment où il est bon à manger, par le bruit
de sa chute. D'autres fruits, comme les jacqs
et les mangues, frappent l'odorat des animaux
à une si grande distance, qu'on les sent de
plus d'un quart de lïeue, quand on est au-dessous
du vent. Je crois que cette propriété d'être fort
odorants est commune aussi à ceux de nos fruits
qui se cachent sous leurs feuillages, tels que les
abricots. Il y a d'autres végétaux qui ne se mani-
festent, pour ainsi dire, aux animaux que pendant la nuit. Le jalap du Pérou, ou belle-de-nuit,
n'ouvre ses fleurs très-parfumées que dans l'obscurité. La fleur de capucine, qui est du même
pays, jette dans les ténèbres une lumière phos-
phorique, observée, dans l'espèce vivace, par la
fille du célèbre Linnée. Les propriétés de ces
plantes donnent une heureuse idée de ces beaux
climats, où les nuits sont assez calmes et assez éclai-
rées pour ouvrir un nouvel ordre de société entre
les animaux. Il y a même des insectes qui n'ont
besoin d'aucun phare qui les guide dans leurs

courses nocturnes ; ils portent avec eux leur lanterne : tels sont les mouches lumineuses. Elles se répandent quelquefois dans des bosquets d'orangers, de papayers et d'autres arbres fruitiers, au milieu de la nuit la plus sombre. Elles lancent à la fois, par plusieurs battements d'ailes réitérés, une douzaine de jets d'un feu qui éclaire les feuilles et les fruits des arbres où elles se reposent, d'une lumière dorée et bleuâtre : puis, cessant tout-à-coup leurs mouvements. elles les replongent dans l'obscurité. Elles recommencent alternativement ce jeu pendant toute la nuit. Quelquefois il s'en détache des essaims tout brillants de lumière, qui s'élèvent en l'air comme les gerbes d'un feu d'artifice.

Si on étudiait les rapports que les plantes ont avec les animaux, on y reconnaîtrait l'usage de beaucoup de parties que l'on regarde souvent comme des produtions du caprice et du désordre de la nature. Ces rapports sont si étendus qu'on peut dire qu'il n'y a pas un duvet de plante, un entrelacement de buisson, une cavité, une couleur de feuille, une épine, qui n'ait son utilité. On remarque surtout ces harmonies admirables avec les logements et les nids des animaux. S'il y a dans les pays chauds des plantes chargées de

duvet, c'est qu'il y a des teignes toutes nues qui
en tondent les poils, et qui s'en font des habits.
On trouve, sur les bords de l'Amazone, une espèce
de roseau de vingt-cinq à trente pieds de hauteur,
dont le sommet est terminé par une grosse boule
de terre. Cette boule est l'ouvrage des fourmis, qui
s'y retirent dans les temps des pluies et des inondations périodiques de ce fleuve : elles montent
et descendent par la cavité de ce roseau, et elles
vivent des débris qui surnagent alors autour
d'elles à la surface des eaux. Je présume que
c'est pour offrir de semblables retraites à plusieurs
petits insectes que la nature a creusé les tiges de
la plupart des plantes de nos rivages. La vallisneria, qui croît dans les eaux du Rhône et qui
porte sa fleur sur une tige en spirale, qu'elle
allonge à proportion de la rapidité des crues
subites de ce fleuve, a des trous percés à la base
de ses feuilles, dont l'usage est bien plus extraordinaire. Si on déracine cette plante et qu'on la
mette dans un grand vase plein d'eau, on aper-
coit à la base de ses feuilles des masses d'une .
gelée bleuâtre qui s'allonge insensiblement en
pyramides d'un beau rouge. Bientôt ces pyramides se sillonnent de cannelures, qui se détachent
du sommet, se renversent tout autour, et présen-

tent par leur épanouissement de très-jolies fleurs formées de rayons pourpres, jaunes et bleus. Peu à peu chacune de ces fleurs sort de la cavité où elle est contenue en partie, et s'écarte à quelque distance de la plante, en y restant cependant attachée par un filet. On voit alors chacun des rayons dont ces fleurs sont composées se mouvoir d'un mouvement particulier, qui communique un mouvement circulaire à l'eau, et précipite au centre de chacune d'elles tous les petits corps qui nagent aux environs. Si on trouble par quelque secousse ces développements merveilleux, sur-le-champ chaque filet se retire, tous les rayons se ferment, et toutes les pyramides rentrent dans leurs cavités; car ces prétendues fleurs sont des polypes.

Il y a dans certaines plantes des parties qu'on regarde comme les caractères d'une nature agreste, qui sont, comme tout le reste de ses ouvrages, des preuves de la sagesse et de la providence de son Auteur : telles sont les épines. Leurs formes sont variées à l'infini, surtout dans les pays chauds. Il y en a de faites en scies, en hameçons, en aiguilles, en fer de hallebardes et en chausses-trapes. Il y en a de rondes comme des alènes, de triangulaires comme des carrelets,

et d'aplaties comme des lancettes. Il n'y a pas
moins de variété dans leurs agrégations : les unes
sont rangées sur les feuilles par pelotons, comme
celles de la raquette; d'autres, par rubans,
comme celles des cierges. Il y en a qui sont in-
visibles, comme celles de l'arbrisseau des îles
Antilles appelé bois de capitaine. Les feuilles de
ce redoutable végétal paraissent en-dessus nettes
et luisantes; mais elles sont couvertes en-dessous
d'épines très-fines, qui y sont tellement couchées
que, pour peu qu'on y porte la main, elles entrent dans les doigts. Il y a d'autres épines qui ne
sont posées que sur les tiges des plantes, d'autres
sont sur leurs branches. On n'en trouve guère
dans nos climats que sur des buissons et sur quelques herbes; mais elles sont répandues aux Indes
sur beaucoup d'espèces d'arbres. Leurs formes et
leurs dispositions très-variées ont des relations,
dont la plupart nous sont inconnues, avec les défenses des oiseaux qui y vivent. Il était nécessaire que beaucoup d'arbres de ces pays portas-
sent des épines, parce qu'il y a beaucoup de quadrupèdes qui y grimpent pour manger les œufs
et les petits des oiseaux; tels que les singes, les
civettes, les tigres, les chats sauvages, les piloris,
les opossums, les rats palmistes, et même les

rats communs. L'acacia de l'Asie offre aux oiseaux des retraites qui sont impénétrables à leurs ennemis. Il ne porte point d'épines sur son tronc et dans ses branches ; mais à dix ou douze pieds de hauteur, précisément à l'endroit où les branches de l'arbre se divisent, il y a une ceinture de plusieurs rangs de larges épines de dix à douze pouces de longueur, et hérissées à peu près comme des fers de hallebardes. Le collet de l'arbre en est environné, de manière qu'aucun quadrupède n'y peut monter. L'acacia de l'Amérique, appelé improprement faux acacia, a les siennes figurées en crochets et parsemées dans ses rameaux, sans doute par quelque rapport inconnu d'opposition avec l'espèce de quadrupède qui fait la guerre à l'oiseau qui l'habite. Il y a aux îles Antilles des arbres qui n'ont point d'épines, mais qui sont bien plus ingénieusement protégés que s'ils en avaient. Une plante qui est connue dans ces pays sous le nom de chardon épineux, qui est une espèce de cierge rampant, attache ses racines, semblables à des filaments, au tronc d'un de ces arbres, et elle court à terre tout autour, bien loin de là, en croisant ses branches l'une sur l'autre, et en formant une enceinte dont aucun quadrupède n'ose approcher. Elle porte d'ailleurs un

fruit très-agréable à manger. En voyant un arbre
dont le feuillage est innocent, rempli d'oiseaux
qui y font leurs nids, entouré à sa racine d'un de
ces chardons épineux, on dirait d'une de ces
villes de commerce sans défense, où tout paraît
accessible, mais qui est protégée aux environs
par une citadelle qui l'entoure de ses longs re-
tranchements. Ainsi l'arbre est d'un côté, et son
épine de l'autre.

Les quadrupèdes qui vivent des œufs des
oiseaux seraient fort embarrassés, si quelquefois
la nature ne faisait croître, au haut de ces mêmes
arbres, un végétal d'une forme très-extraordi-
naire qui leur en ouvre l'accès. Il est en tout l'opposé du chardon épineux. C'est une racine de
deux pieds de long, grosse comme la jambe,
picotée comme si on l'eût piquée avec un poinçon,
et liée à une branche de l'arbre par une multitude
de filaments, à peu près comme le chardon épineux est attaché au bas de son tronc. Elle en
tire, comme lui, sa nourriture, et jette dix à
douze grandes feuilles en cœur, de trois pieds de
long et de deux pieds de large, semblables aux
feuilles de nymphæa. Le père du Tertre l'appelle
fausse racine de Chine. Ce qu'il y a encore de
plus étrange, c'est que du haut de l'arbre où elle

est placée, elle jette à terre à plomb des cordes très-fortes, grosses comme des tuyaux de plume dans toute leur longueur, qui viennent s'enraciner à terre. La plante ne sent rien, et ses cordes sentent l'ail. Sans doute, quand un singe ou tel autre animal grimpant aperçoit ce large étendard de verdure, l'arbre a beau être entouré d'épines à son pied, ce signal lui annonce qu'il a des correspondances dans la place : l'odeur des cordons qui descendent jusqu'à terre lui indique son échelle, même pendant la nuit; et pendant que les oiseaux dorment tranquillement sur leurs nids, en se fiant à leurs fortifications, l'ennemi s'empare de la ville par les faubourgs.

Dans ces pays, les épines des arbres défendent jusqu'aux insectes. Les abeilles y font du miel dans de vieux troncs d'arbres épineux creusés par le temps. Il est bien remarquable que la nature, qui a donné cette ressource aux abeilles de l'Amérique, leur a refusé des aiguillons, comme si ceux des arbres suffisaient à leur défense. Je crois que c'est à cause de cette raison, à laquelle on n'a pas fait attention, qu'on n'a jamais pu élever aux îles Antilles des mouches à miel du pays. Sans doute elles refusaient d'habiter les ruches domestiques, parce qu'elles ne s'y croyaient

pas en sûreté; mais elles s'y seraient peut-être
déterminées, si on avait garni d'épines les ruches
qu'on leur a présentées.

Si la nature emploie les épines pour défendre
jusqu'aux mouches des insultes des quadrupèdes,
elle se sert quelquefois des mêmes moyens pour
délivrer les quadrupèdes de la persécution des
mouches communes. A la vérité, elle a donné à
ceux qui y sont le plus exposés des crinières et
des queues garnies de longs crins pour les écarter; mais la multiplication de ces insectes est si
rapide dans les saisons et les pays chauds et humides, qu'elle pourrait devenir funeste à tous les
animaux. Une des barrières végétales que la nature leur oppose est la *Dionæa muscipula.* Cette
plante porte sur une même branche des folioles
opposées, enduites d'une liqueur sucrée semblable à la manne, et hérissées de pointes très-
aiguës. Lorsqu'une mouche se pose sur une de
ces folioles, elles se rapprochent sur-le-champ
comme les mâchoires d'un piége à loup, et la
mouche se trouve embrochée de toutes parts. Il
y a une autre *dionæa* qui prend ces insectes avec
sa fleur. Quand une mouche en veut sucer les
nectaires, la corolle, qui est tubulée, se ferme au
collet, la saisit par la trompe, et la fait mourir

ainsi. Elle croît au Jardin du Roi. Nous observerons que sa fleur en godet est blanche et rayée de rouge, et que ces deux couleurs attirent partout les mouches, qui sont très-avides de lait et de sang.

Il y a des plantes aquatiques qui portent des épines propres à prendre des poissons. On voit au Jardin du Roi une plante de l'Amérique, appelée martinia, dont la fleur a une odeur très-agréable, et qui, par la forme de ses feuilles arrondies, le lissé de leurs queues et de ses tiges, a tous les caractères aquatiques dont nous avons parlé. Elle a encore ceci de particulier, qu'elle transpire si fortement, qu'elle paraît au toucher comme si elle était mouillée. Je ne doute donc pas que cette plante ne croisse en Amérique sur le bord des eaux. Mais la gousse qui enveloppe ses graines a un caractère nautique fort extraordinaire. Elle ressemble à un poisson à demi desséché, blanc et noir, avec une longue nageoire sur le dos. La queue de ce poisson est fort allongée, et finit en pointe très-aiguë, courbée en hameçon. Cette queue se partage ordinairement en deux, et présente ainsi deux hameçons. La configuration de ce poisson végétal est tout-à-fait semblable en grandeur et en forme à l'hameçon dont on se sert

sur mer pour prendre des dorades, et à la tête du
quel on figure en linge un poisson volant, ex
cepté que l'hameçon à dorade n'a qu'un crochet,
et que la gousse de la martinia en a deux, ce qui
doit rendre son effet plus sûr. Cette gousse renferme plusieurs graines noires, ridées, et semblables à des crottes de mouton aplaties.

Comme j'ai peu de livres de botanique, j'igno-
rais d'où la martinia était originaire; mais, ayant
consulté dernièrement l'ouvrage de Linnée, j'ai
trouvé qu'elle venait de la Vera-Cruz. Ce fameux
naturaliste ne trouve à cette gousse que l'apparence d'une tête de bécasse; mais s'il avait vu des
hameçons à dorade, il n'eût pas balancé à y reconnaître cette ressemblance, d'autant que le
bout de ce prétendu bec se recourbe en deux
crochets qui piquent comme des épingles, et
sont, ainsi que toute la gousse et la queue qui la
tient à la tige, d'une matière ligneuse et cornée
très-difficile à rompre. Jean de Laet dit que le terrain de la Vera-Cruz est au niveau de la mer, et
que son port, appelé Saint-Jean Ulloa, est formé
d'une petite île qui est au ras de l'eau; en sorte,
dit-il, que quand la marée est fort grosse, elle en
est toute couverte. Ces inondations sont fort communes dans le fond du golfe du Mexique, comme

on peut le voir dans la relation que Dampier nous
a donnée de la baie de Campêche, qui est dans le
voisinage. Je présume de là que la martinia, qui
croît sur les rivages inondés de la Vera-Cruz, a
quelques relations qui nous sont inconnues avec
les poissons de la mer : d'autant que les semences de plusieurs arbres et plantes dé ces contrées,
rapportées par Jean de Laet, ont des formes nau-
tiques très-curieuses.

Il n'est pas besoin d'aller chercher dans les
plantes étrangères des relations végétales avec
les animaux. La ronce, qui donne dans nos
champs des abris à tant de petits oiseaux, a ses
épines formées en crochets; de sorte que non-
seulement elle empêche les troupeaux de troubler
les asiles des oiseaux, mais elle leur accroche
bien souvent quelques flocons de laine ou de poil
propres à garnir des nids, en représailles de leurs
hostilités, et comme une indemnité de leurs dom-
mages. Pline prétend que c'est à cette occasion
qu'est née la haine de la linotte et de l'âne. Ce
quadrupède, dont le palais est à l'épreuve des
épines, broute souvent le buisson où la linotte
fait son nid. Elle est si effrayée de sa voix,
qu'elle en jette, dit-il, ses œufs à bas : et quand
ses petits sont nouvellement éclos, ils en meurent

de peur. Mais elle lui fait la guerre à son tour, en
se jetant sur les égratignures que lui font les
épines, et en becquetant sa chair jusqu'aux os.
Ce doit être un spectacle curieux de voir le combat
de ce petit et mélodieux oiseau contre ce lourd et
bruyant animal, d'ailleurs sans malice.

Si on connaissait les relations animales des
plantes, nous aurions sur les instincts des bêtes
bien des lumières que nous n'avons pas. Nous
saurions l'origine de leurs amitiés et de leurs
inimitiés, du moins quant à celles qui se forment
dans la société; car pour celles qui sont innées, je
ne crois pas que la cause en soit jamais révélée à
aucun homme. Celles-là sont d'un autre ordre et
d'un autre monde. Comment tant d'animaux sont-
ils entrés dans la vie avec des haines sans offense,
des industries sans apprentissage, et des instincts
plus sûrs que l'expérience? Comment la puissance
électrique a-t-elle été donnée à la torpille, l'in-
visibilité au caméléon, et la lumière même des
astres à une mouche? Qui a appris à la punaise
aquatique à glisser sur les eaux, et à une autre
espèce de punaise à y nager sur le dos; l'une et
l'autre pour attraper la proie qui voltige à leur
surface? L'araignée d'eau est encore plus ingé-
nieuse. Elle environne une bulle d'air avec des

fils, se met au milieu, et se plonge au fond des ruisseaux, où sa bulle paraît comme un globule de vif-argent. Là elle se promène à l'ombre des nymphæa, sans rien craindre d'aucun ennemi.

Il nous importe au moins de connaître les insectes qui détruisent ceux qui nous sont nuisibles. Nous pouvons profiter de leurs guerres pour vivre en repos. L'araignée attrape les mouches avec des filets; le formica-léo surprend les fourmis dans un entonnoir de sable; l'ichneumon à quatre ailes prend les papillons au vol. Il y a une autre espèce d'ichneumon, si petite et si rusée, qu'elle pond un œuf dans l'anus du puceron. L'homme peut multiplier à son gré les familles d'insectes qui lui sont utiles, et parvenir à diminuer le nombre de celles qui font tant de ravages dans ses cultures. Les petits oiseaux de nos bosquets lui offrent, pour ce service, des secours encore plus étendus et plus agréables. Ils ont tous l'instinct de vivre dans son voisinage et dans celui de ses troupeaux. Souvent une seule de leurs espèces suffirait pour écarter de ceux-ci les insectes qui les désolent en été. Il y a, dans le Nord, un taon, appelé kourma par les Lapons, *Œstrus rangiferinus* par les savants, qui tourmente les rennes domestiques au point de les faire fuir dans les montagnes, et quelquefois de les faire mourir, en déposant ses œufs dans leur peau. On a fait, à l'ordinaire, à ce sujet beaucoup de dissertations, sans y apporter de remède. Je suis persuadé qu'il doit y avoir en Laponie des oiseaux qui délivreraient les rennes de cet insecte dangereux, si les Lapons ne les effrayaient par le bruit de leurs fusils. Ces armes des nations civilisées ont rendu toutes les campagnes barbares. Les oiseaux destinés à embellir l'habitation de l'homme s'en éloignent, ou ne s'en approchent qu'avec méfiance. On devrait défendre au moins de tirer autour des paisibles troupeaux. Quand les oiseaux ne sont pas effrayés par les chasseurs, ils se livrent à leurs instincts. J'ai vu souvent à l'île de France une espèce de sansonnet, appelé martin, qu'on y a apporté des Indes, se percher familièrement sur le dos et sur les cornes des bœufs pour les nettoyer. C'est à cet oiseau que cette île est redevable aujourd'hui de la destruction des sauterelles, qui y faisaient autrefois tant de ravages. Dans celles de nos campagnes d'Europe où l'homme exerce encore quelque hospitalité envers les oiseaux innocents, il voit la cigogne bâtir son nid sur le faîte de sa maison, l'hirondelle voltiger dans ses appartements, et la bergeronnette, sur les bords des fleuves, tourner autour de ses brebis pour les défendre des moucherons.

Le fondement de toutes ces connaissances porte sur l'étude des plantes. Chacune d'elles est le foyer de la vie des animaux, dont les espèces viennent y aboutir, comme les rayons d'un cercle à leur centre.

Dès que le soleil, parvenu au signe du Bélier, a donné le signal du printemps à notre hémisphère, le vent pluvieux et chaud du sud part de l'Afrique, soulève les mers, fait déborder les fleuves, qui engraissent de leur limon les champs voisins, et renverse, dans les forêts, les vieux arbres, les troncs desséchés, et tout ce qui présente quelque obstacle à la végétation future. Il fond les neiges qui couvrent nos campagnes, et s'avançant jusque sous le pôle, il brise et dissout les masses énormes de glace que l'hiver y avait accumulées. Quand cette révolution, connue par toute la terre sous le nom de coup de vent de l'équinoxe, est arrivée au mois de mars, le soleil tourne nuit et jour autour de notre pôle, sans qu'il y ait un seul point dans tout l'hémisphère septentrional qui échappe à sa chaleur. A chaque parallèle qu'il décrit dans les cieux, une ceinture de plantes nouvelles éclôt autour du globe. Chacune d'elles paraît successivement au poste et aux jours qui lui sont assignés; elle reçoit à la fois la lumière dans ses fleurs et la rosée du ciel dans son feuillage. A mesure qu'elle prend de l'accroissement, les diverses tribus d'insectes qu'elle nourrit se développent aussi. C'est à cette époque que chaque espèce d'oiseau se rend à l'espèce de plante qui lui est connue, pour y faire son nid et y nourrir ses petits de la proie animale qu'elle lui présente, au défaut des semences qu'elle n'a pas encore produites. On voit bientôt accourir les oiseaux voyageurs, qui viennent en prendre aussi leur part. D'abord l'hirondelle vient en préserver nos maisons en bâtissant son nid alentour. Les cailles quittent l'Afrique, et, rasant les flots de la Méditerranée, elles se répandent par troupes innombrables dans les vastes prairies de l'Ukraine. Les francolins remontent au nord jusque dans la Laponie. Les canards, les oies sauvages, les cignes argentés, formant dans les airs de longs triangles, s'avancent jusque dans les îles voisines du pôle. La cigogne, jadis adorée dans l'Egypte qu'elle abandonne, traverse l'Europe, et s'arrête çà et là jusque dans les villes, sur les toits de l'Allemagne hospitalière. Tous ces

oiseaux nourrissent leurs petits des insectes et
des reptiles que les herbes nouvelles font éclore.
C'est alors que les poissons quittent en foule les
abîmes septentrionaux de l'Océan, attirés aux
embouchures des fleuves par des nuées d'insectes
qui sont entraînés dans leurs eaux, ou qui éclosent le long de leurs rivages. Ils remontent en
flotte contre leur cours, et s'avancent en bondis-
sant jusqu'à leurs sources; d'autres, comme les
nord-capers, se laissent entraîner au courant
général de l'océan Atlantique, et apparaissent,
comme des carènes de vaisseaux, sur les côtes du
Brésil et sur celles de la Guinée. Les quadrupèdes même entreprennent alors de longs voyages. Les uns vont du midi au nord avec le soleil,
d'autres d'orient en occident. Il y en a qui
côtoient les âpres chaînes des montagnes; d'autres suivent le cours des fleuves qui n'ont jamais
été navigués; de longues colonnes de bœufs
pâturent en Amérique le long des bords du
Méchassipi, qu'ils font retentir de leurs mugisse-
ments. Des escadrons nombreux de chevaux traversent les fleuves et les déserts de la Tartarie, et
des brebis sauvages errent en bêlant au milieu de
ces vastes solitudes. Ces troupeaux n'ont ni
pâtres ui bergers qui les guident dans les déserts,

au son des chalumeaux ; mais le développement
des herbes qui leur sont connues détermine les
moments de leurs départs et les termes de leurs
courses. C'est alors que chaque animal habite
son site naturel et se repose à l'ombre du végétal
de ses pères ; c'est alors que les chaînes de l'harmonie se resserrent, et que, tout étant animé par
des consonnances ou par des contrastes, les airs,
les eaux, les forêts et les rochers semblent avoir
des voix, des passions et des murmures.

Mais ce vaste concert ne peut être saisi que par
des intelligences célestes. Il suffit à l'homme,
pour étudier la nature avec fruit, de se borner à
l'étude d'un seul végétal. Il faudrait, pour cet
effet, choisir un arbre antique dans quelque lieu
solitaire. On jugerait aisément, aux caractères
que j'ai indiqués, s'il est dans son site naturel,
mais encore mieux à sa beauté et aux accessoires
dont la nature l'accompagne toujours, quand la
main de l'homme n'en dérange point les opéra-
tions. On observerait d'abord ses relations élémentaires et les caractères frappants qui distinguent
les espèces du même genre, dont les unes naissent aux sources des fleuves, et les autres à leurs
embouchures. On examinerait ensuite ses convolvulus, ses mousses, ses guis, ses scolopen-

dres, les champignons de ses racines, et jusqu'aux graminées qui croissent sous son ombre. On apercevrait dans chacun de ces végétaux de nouveaux rapports élémentaires, convenables aux lieux qu'ils occupent, et à l'arbre qui les porte ou qui les abrite. On donnerait ensuite son attention à toutes les espèces d'animaux qui viennent y habiter, et on serait convaincu que, depuis le limaçon jusqu'à l'écureuil, il n'y en a pas un qui n'ait des rapports déterminés et caractéristiques avec les dépendances de sa végétation. Si cet arbre se trouvait au milieu d'une forêt bien ancienne elle-même, il est probable qu'il aurait, dans son voisinage, l'arbre que la nature fait contraster avec lui dans le même site, comme, par exemple, le bouleau avec le sapin. Il est encore probable que les végétaux accessoires et les animaux de celui-ci contrasteraient pareillement avec ceux du premier. Ces deux sphères d'observations s'éclaireraient mutuellement, et répandraient le plus grand jour sur les mœurs des animaux qui les fréquentent. On aurait alors un chapitre entier de cette immense et sublime histoire de la nature, dont nous ne connaissons pas encore l'alphabet.

Je suis sûr que sans fatigue, et presque sans

peine, on ferait les découvertes les plus curieuses; quand on n'en étudierait qu'un seul, on y
trouverait une foule d'harmonies ravissantes.
Pour jouir de quelques tableaux imparfaits en ce
genre, il faut avoir recours aux voyageurs. Nos
ornithologistes, enchaînés par leurs méthodes, ne
songent qu'à grossir leur catalogue, et ne connaissent, dans les oiseaux, que les pattes et le
bec. Ce n'est point dans les nids qu'ils les obser-
vent, mais à la chasse et dans leur gibecière. Ils
regardent même les couleurs de leurs plumes
comme des accidents. Cependant ce n'est pas au
hasard que la nature a peint, sur les rivages du
Brésil, d'un beau rouge incarnat, et qu'elle a
bordé de noir l'extrémité des ailes de l'ouara, espèce de corlieu qui habite le feuillage glauque
des palétuviers qui naissent au sein des flots, et
qui ne portent point de fleurs apparentes. Le
savia, autre oiseau du même climat, a le ventre
jaune et le reste du plumage gris. Il est de la
grosseur d'un moineau, et il se perche sur les
poivriers, dont les fleurs sont sans éclat, mais
dont il mange les graines, qu'il ressème partout.
A ces convenances il faut joindre celle du site,
qui tire lui-même tant de beauté du végétal qui
l'ombrage. Ces harmonies sont rapportées par le

P. François d'Abbeville. Suivant l'*Histoire des Voyages* de l'abbé Prévost, il y a sur les bords du Sénégal un arbre fluviatile dont les feuilles sont épineuses et les branches pendantes en arcades. Il est habité par des oiseaux appelés kurbalos ou pêcheurs, de la taille d'un moineau, et variés de plusieurs sortes de couleurs. Leur bec est fort .ong, et armé de petites dents comme une scie. Ils font leurs nids de la grosseur d'une poire. Ils les composent de terre, de plumes, de pailles, de mousse, et les attachent à un long fil, à l'extrémité des branches qui donnent sur la rivière, afin de se mettre à l'abri des serpents et des singes qui trouvent quelquefois les moyens d'y grimper. Il n'y a personne qui ne prenne ces nids, à quelque distance, pour les fruits de l'arbre. Il y a de ces arbres qui en ont jusqu'à mille. On voit ces kurbalos voltiger sans cesse sur l'eau et rentrer dans leurs nids, avec un mouvement qui éblouit les yeux. Suivant le P. Charlevoix, il croît en Virginie, sur les bords des lacs, un smilax à feuilles de laurier, qui pousse de sa racine plusieurs tiges dont les branches embrassent tous les arbres qui l'environnent, et montent à plus de seize pieds de hauteur. Elles forment en été une ombre impénétrable, et en hiver une retraite

tempérée pour les oiseaux. Ses fleurs sont peu
apparentes, et ses fruits viennent en grappes
rondes chargées de grains noirs. Ce smilax a
pour habitant principal un geai fort beau. Cet
oiseau porte sur sa tête une longue crête noire,
qu'il dresse quand il veut. Son dos est d'un pourpre sombre. Ses ailes sont noires en-dedans,
bleues en-dehors, et blanches aux extrémités,
avec des raies noires à travers chaque plume. Sa
queue est bleue, et marquée des mêmes raies que
ses ailes, et son cri n'est pas désagréable. Il y a
des oiseaux qui ne logent pas sur leur plante
favorite, mais vis-à-vis. Tel est le colibri, qui se
niche souvent, aux îles Antilles, sur un fétu de
la couverture d'une case, pour vivre sous la protection de l'homme. Dans nos climats, le rossignol place son nid à couvert dans un buisson, en
choisissant de préférence les lieux où il y a des
échos, et en observant de l'exposer au soleil du
matin. Ces précautions prises, il se place aux environs, contre le tronc d'un arbre; et là, confondu
avec la couleur de son écorce, et sans mouvement,
il devient invisible. Mais bientôt il anime de son
divin ramage l'asile obscur qu'il s'est choisi, et il
efface par l'éclat de son chant celui de tous les
plumages.

Mais quelques charmes que puissent répandre
les animaux et les plantes sur les sites qui leur
sont assignés par la nature, je ne trouve point
qu'un paysage ait toute sa beauté, si je n'y vois
au moins une petite cabane. L'habitation de
l'homme donne à chaque espèce de végétal un
nouveau degré d'intérêt ou de majesté. Il ne faut
souvent qu'un arbre pour caractériser, dans un
pays, les besoins d'un peuple et les soins de la
Providence. J'aime à voir la famille d'un Arabe
sous le dattier du désert, et le bateau d'un insu-
laire des Maldives, chargé de cocos, sous les
cocotiers de leurs grèves sablonneuses. La hutte
d'un pauvre nègre sans industrie me plaît sous
un calebassier qui porte toutes les pièces de son
ménage. Nos hôtels fastueux ne sont, à la ville,
que des maisons bourgeoises; à la campagne, ce
sont des châteaux, des palais, des temples. Les
longues avenues qui les annoncent se confondent
avec celles qui font communiquer les empires. Ce
n'est pas, à la vérité, ce que je trouve de plus intéressant dans nos paysages. Je leur ai préféré
souvent la vue d'une petite cabane de pêcheur,
bâtie sur le bord d'une rivière. Je me suis reposé,
quelquefois avec délices à l'ombre des saules et
des peupliers où étaient suspendues des nasses
faites de leurs propres rameaux.

Nous allons, à notre ordinaire, jeter un coup d'œil rapide sur les harmonies des plantes avec l'homme; et, afin de mettre au moins un peu d'ordre dans une matière aussi abondante, nous diviserons encore ces harmonies, par rapport à l'homme même, en élémentaires, en végétales, en animales, et en humaines proprement dites, ou alimentaires.

HARMONIES HUMAINES DES PLANTES.

DES HARMONIES ÉLÉMENTAIRES DES PLANTES, PAR RAPPORT A L'HOMME.

Si nous considérons l'ordre végétal par les simples rapports de force et de grandeur, nous le trouverons divisé assez généralement en trois grandes classes, en herbes, en arbrisseaux et en arbres. Nous remarquerons, premièrement, que les herbes sont d'une substance pliante et molle. Si elles eussent été ligneuses et dures, comme les jeunes branches des arbres, auxquelles il paraît qu'elles devraient naturellement ressembler, puisqu'elles croissent sur le même sol, la plus grande partie de la terre eût été inaccessible au marcher de l'homme, jusqu'à ce que le fer ou le feu y eût frayé des chemins. Ce n'est donc pas par hasard que tant de graminées, de mousses et d'herbes sont d'une substance molle et souple, ni faute de nourriture ou de moyens de se développer; car il y a de ces herbes qui s'élèvent fort haut, telles que le bananier des Indes, et plusieurs férulacées de nos climats, qui s'élèvent à la hauteur d'un petit arbre.

D'un autre côté, il y a des arbrisseaux ligneux qui ne viennent pas plus grands que des herbes; mais ils croissent, pour l'ordinaire, aux lieux âpres et escarpés, et ils donnent aux hommes la facilité d'y grimper, en poussant jusque dans les fentes des rochers. Mais comme il y a des rochers qui n'ont point de fentes, et qui sont à pic comme des murailles, il y a des plantes rampantes qui prennent racine à leurs bases, et qui, s'attachant à leurs flancs, s'élèvent avec eux à des hauteurs qui surpassent celle des plus grands arbres : tels sont les lierres, les vignes vierges, et un grand nombre de lianes qui tapissent les rochers des pays méridionaux. Si ces sortes de végétations couvraient la terre, il serait impossible d'y marcher. Il est très-remarquable que lorsqu'on a découvert des îles inhabitées, on en a trouvé qui

étaient remplies de forêts, comme l'île de Madère;
d'autres où il n'y avait que des herbes et des
joncs, comme les îles Malouines, à l'entrée du détroit de Magellan, d'autres simplement revêtues
de mousses, comme plusieurs îlots qui sont sur
les côtes du Spitzberg; d'autres, en grand nombre, où ces différents végétaux étaient mêlés :
mais je ne sache pas qu'on en ait trouvé une seule
où il n'y eût que des buissons et des lianes. La
nature n'a placé ces classes que dans les lieux
difficiles à escalader, afin d'en faciliter l'accès
aux hommes. On peut dire qu'il n'y a point d'es-
carpement qui ne puisse être franchi par leur secours. Il ne s'en fallut rien que, par leur moyen,
les anciens Gaulois ne s'emparassent du Capitole.

Quant aux arbres, quoiqu'ils soient remplis
d'une force végétative qui les élève à de grandes
hauteurs, la plupart ne poussent leurs premières
branches qu'à une certaine distance de la terre.
En sorte que, quoiqu'ils forment, à une certaine
élévation, des entrelacements impénétrables au
soleil, qu'ils étendent fort loin d'eux, ils laissent
cependant autour de leurs pieds des avenues suf-
fisantes pour les aborder, et pour parcourir aisément les forêts.

Voilà donc les dispositions générales des végé-

taux sur la terre, par rapport au besoin que
l'homme avait de la parcourir : les herbes servent de matelas à ses pieds; les buissons, d'é-
chelles à ses mains; et les arbres, de parasols à
sa tête. La nature, après avoir établi entre eux
ces proportions, les a distribués dans tous les
sites, en leur donnant, abstraction faite de leurs
rapports particuliers avec les éléments et avec les
animaux, les qualités les plus propres à subvenir
aux besoins de l'homme, et à compenser en sa
faveur les inconvénients du climat. Quoique cette
manière d'étudier ses ouvrages soit méprisée aujourd'hui de la plupart des naturalistes, c'est à
celle-là cependant que nous nous arrêterons.
Nous venons de considérer les plantes par la
taille, à la manière des jardiniers; nous allons
encore les examiner comme les bûcherons, les
chasseurs, les charpentiers, les pêcheurs, les
bergers, les matelots, et même les bouquetières.
Peu nous importe d'être savants, pourvu que
nous ne cessions pas d'être hommes.

C'est dans les pays du Nord, et sur le sommet
des montagnes froides, que croissent les pins, les
sapins, les cèdres, et la plupart des arbres
résineux, qui abritent l'homme des neiges par
l'épaisseur de leurs feuillages, et qui lui fournis-

sent, pendant l'hiver, des flambeaux et l'entre-
tien de ses foyers. Il est très-remarquable que les
feuilles de ces arbres, toujours verts, sont filiformes, et très-capables par cette configuration, qui
a encore l'avantage de réverbérer la chaleur,
comme les poils des animaux, de résister à la
violence des vents qui règnent ordinairement sur
les lieux élevés. Les naturalistes de Suède ont
observé que les pins les plus gras se trouvent aux
lieux les plus secs et les plus sablonneux de la
Norwége. Les mélèzes, qui se plaisent également
dans les montagnes froides, ont des troncs fort
résineux. Matthiole, dans son utile commentaire
sur Dioscoride, dit qu'il n'y a point de matière
plus propre que le charbon de ces arbres à fondre
promptement les mines de fer, dans le voisinage
desquelles ils se plaisent. Ils sont de plus chargés
de mousses, dont quelques espèces s'enflamment
à la moindre étincelle. Il raconte qu'étant une
nuit obligé de coucher dans les hautes montagnes
du détroit de Trente, où il herborisait, il y trouva
quantité de mélèzes ou larix, tout barbus, dit-il,
et tout blancs de mousses. Les bergers du lieu,
voulant lui procurer quelque amusement, mirent
le feu aux mousses de quelques-uns de ces arbres,
qui s'embrasèrent aussitôt avec la rapidité de la

poudre à canon. Il semblait, au milieu de l'obscurité de la nuit, que la flamme et les étincelles montassent jusqu'au ciel. Elles répandaient, en brûlant, une fort bonne odeur. Il remarque encore que le meilleur agaric croît sur les mélèzes, et que les arquebusiers de son temps s'en servaient à conserver le feu et à faire des mèches. Ainsi la nature, en couronnant les sommets des montagnes froides et ferrugineuses de ces grandes torches végétales, en a mis les allumettes dans leurs branches, l'amadou à leurs pieds, et le briquet à leurs racines.

Au midi, au contraire, les arbres présentent, dans leurs feuillages, des éventails, des parapluies et des parasols. Le latanier porte chacune de ses feuilles plissée comme un éventail, attachée à une longue queue, et semblable, dans son développement parfait, à un soleil rayonnant de verdure. On peut voir deux de ces arbres au Jardin du Roi. Celle du bananier ressemble à une longue et large ceinture, ce qui lui a fait donner sans doute le nom de figuier d'Adam. La grandeur des feuilles de plusieurs espèces d'arbres augmente à mesure qu'on s'approche de la ligne. Celle du cocotier à fruit double, des îles Seychelles, a douze ou quinze pieds de long, et sept ou

huit de large. Elle suffit pour couvrir une nombreuse famille. Il y a aussi une de ces feuilles au
Cabinet du Roi. Celle du talipot de l'île de Ceylan
a, à peu près, la même grandeur. L'intéressant et
infortuné Robert Knok, qui a donné la meilleure
relation de cette île que je connaisse, dit qu'une
de ces feuilles peut couvrir quinze ou vingt per-
sonnes. Quand elle est sèche, ajoute-t-il, elle est
à la fois forte et maniable, en sorte qu'on peut
l'étendre et la resserrer à son gré, étant naturellement plissée comme un éventail. Dans cet état,
elle n'est pas plus grosse que le bras, et extraor-
dinairement légère. Les habitants la coupent par
triangles, quoiqu'elle soit naturellement ronde, et
chacun d'eux en porte un morceau sur sa tête,
tenant dans sa main le bout le plus pointu en
avant, pour s'ouvrir un passage à travers les
buissons. Les soldats se servent de cette feuille
pour faire leurs tentes. Ils la regardent, avec
raison, comme un des plus grands bienfaits de la
Providence, dans un pays brûlé du soleil, et
inondé de pluies la moitié de l'année. La nature
a fait, dans ces climats, des parasols pour des
villages entiers; car le figuier qu'on appelle aux
Indes figuier des Banians, et dont on voit le des-
sin dans Tavernier et dans plusieurs autres voya-

geurs, croît sur le sable même brûlant du rivage
de la mer, en jetant de l'extrémité de ses branches une multitude de jets qui s'inclinent vers la
terre, y prennent racine, et forment autour du
tronc principal quantité d'arcades couvertes d'un
ombrage impénétrable.

Dans nos climats tempérés, nous éprouvons
une bienveillance semblable de la part de la nature. C'est dans la saison chaude et sèche qu'elle
nous donne quantité de fruits pleins d'un jus ra-
fraîchissant, tels que les cerises, les pêches, les
melons; et, à l'entrée de l'hiver, ceux qui échauf-
fent par leurs huiles, tels que les amandes et les
noix. Quelques naturalistes même ont regardé
les coques ligneuses de ces fruits comme des pré-
servatifs de leurs semences contre le froid de la
mauvaise saison; mais ce sont, comme nous
l'avons vu, des moyens de surnager et de voguer.
La nature en emploie d'autres que nous ne connaissons pas, pour préserver les substances des
fruits des impressions de l'air. Par exemple, elle
fait durer pendant tout l'hiver plusieurs espèces
de pommes et de poires qui n'ont d'autres enve-
loppes que des pellicules si minces, qu'on ne peut
en déterminer les épaisseurs.

La nature a mis d'autres végétaux aux lieux

humides et arides, dont les qualités sont inexplicables par les lois de notre physique, mais qui sont admirablement d'accord avec les besoins de l'homme qui les habite. C'est le long des eaux que croissent les plantes et les arbres les plus secs, les plus légers, et par conséquent les plus propres à les traverser. Tels sont les roseaux qui sont creux, et les joncs remplis d'une moelle inflammable. Il ne faut qu'une botte médiocre de joncs pour porter sur l'eau un homme fort pesant. C'est sur les bords des lacs du Nord que croissent ces vastes bouleaux dont il ne faut que l'écorce d'un seul arbre pour faire un grand canot. Cette écorce est semblable à un cuir par sa souplesse, et si incorruptible à l'humidité, que j'en ai vu tirer, en Russie, de dessous les terres dont on couvre les magasins à poudre, qui étaient parfaitement saines, quoiqu'on les y eût mises du temps de Pierre-le-Grand. Suivant le témoignage de Pline et de Plutarque, on trouva à Rome, quatre cents ans après la mort de Numa, les livres que ce grand roi avait fait mettre avec lui dans son tombeau. Son corps était totalement détruit; mais ses livres, qui traitaient de la philosophie et de la religion, étaient si bien conservés, que le préteur Petilius en prit lecture par ordre du sénat. Sur le rapport qu'il en fit, il fut décidé qu'on les brûlerait. Ils étaient écrits sur des écorces de bouleau. Ces écorces se lèvent en dix ou douze feuillets blancs et minces comme du papier, et en tenaient lieu aux anciens.

La nature présente à l'homme d'autres trajectiles sur d'autres rivages. Elle a mis sur les bords des fleuves de l'Inde le bambou, grand roseau qui s'y élève quelquefois à soixante pieds de hauteur, et qui y croît de la grosseur de la cuisse. L'intervalle compris entre deux de ses nœuds suffit pour soutenir un homme sur l'eau. Un Indien s'y met à califourchon, et traverse ainsi les rivières, en nageant avec les pieds. Le Hollandais Jean-Hugues Linschoten, voyageur digne de foi, assure que les crocodiles ne touchent jamais aux gens qui passent ainsi les rivières, quoiqu'ils attaquent souvent les canots et même les chaloupes des Européens. Il attribue la retenue de cet animal vorace à une antipathie qu'il a contre ce roseau. François Pyrard, autre voyageur qui a fort bien observé la nature, dit qu'il croît, sur les rivages des îles Maldives, un arbre appelé candou, d'un bois si léger, qu'il sert de liége aux pêcheurs. Je crois avoir eu en ma possession une souche d'arbre de la même espèce. Elle était dépouillée de

son écorce, toute blanche, de la grosseur du bras,
de six pieds de longueur, et si légère que je la le-
vais avec deux doigts avec la plus grande facilité.
C'est dans les mêmes îles et sur le même sable
que s'élève le cocotier, qui y vient plus beau que
dans aucun autre lieu du monde. Ainsi, l'arbre le
plus utile aux marins croît sur le bord des mers
les plus naviguées. Tout le monde sait qu'on y
bâtit un vaisseau de son bois, qu'on en fait les
voiles avec ses feuilles, le mât avec son tronc, les
cordages avec l'étoupe, appelée caire, qui entoure
son fruit, et qu'on le charge ensuite avec ses
cocos. Il est encore remarquable que le coco renferme, avant sa maturité parfaite, une liqueur qui
est un excellent antiscorbutique. N'est-ce donc
pas une merveille de la nature que ce fruit vienne
plein de lait dans les sables arides et sur les
bords de l'eau salée? Ce n'est même que sur les
bords de la mer que l'arbre qui le porte parvient
dans toute sa beauté; car on en voit peu dans
l'intérieur des terres.

La nature a placé un palmier de la même
famille, mais d'une autre espèce, au sommet des
montagnes des mêmes climats : c'est le palmiste.
La tige de cet arbre a quelquefois plus de cent
pieds de hauteur; elle est parfaitement droite;

elle porte à son sommet, pour unique feuillage, un bouquet de palmes, du milieu duquel sort un long rouleau de feuilles plissées, semblable au fût d'une lance. Ce rouleau renferme, dans une espèce de fourreau coriace, les feuilles naissantes, qui sont très-bonnes à manger avant leur développement. Le tronc du palmiste n'a de bois qu'à la circonférence; mais il est si dur, qu'il fait rebrousser le tranchant des meilleures haches. Il se fend d'un bout à l'autre avec la plus grande facilité, et il est rempli, au-dedans, d'une substance spongieuse qu'on enlève aisément. Quand il est ainsi préparé, il sert à faire, pour la conduite des eaux souvent dévoyées par les rochers qui sont au sommet des montagnes, des tuyaux qui sont incorruptibles à l'humidité. Ainsi les palmiers donnent aux habitants de ces pays de quoi faire des aqueducs à la source des rivières, et des vaisseaux à leur embouchure. D'autres espèces d'arbres leur rendent ailleurs les mêmes services. C'est sur les rivages des îles Antilles que croît l'acajou, qu'on y appelle improprement cèdre, à cause de son incorruptibilité. Il y vient si gros, que, d'un seul de ses tronçons, on fait des pirogues qui portent jusqu'à quarante hommes. Cet arbre a une autre qualité qui, au jugement des

meilleurs observateurs, aurait dû le rendre pré-
cieux à notre marine : c'est qu'il est le seul de ces
rivages que les vers marins n'attaquent jamais,
quoiqu'ils soient si redoutables à toutes espèces
de bois qui flottent dans ces mers, qu'ils dévorent
en peu de temps les escadres, et que, pour les en
préserver, on est obligé, depuis quelques années,
de doubler leurs carènes de cuivre. Mais ce bel
arbre a trouvé des ennemis plus redoutables que
les vers, dans les habitants européens de ces îles,
qui en ont presque totalement détruit l'espèce.

La manière dont la Providence a pourvu à la
soif de l'homme, dans les lieux arides, n'est pas
moins digne d'admiration. Elle a mis dans les
sables brûlants de l'Afrique une plante dont la
feuille, contournée en burette, est toujours remplie d'un grand verre d'eau fraîche ; le goulot de
cette burette est fermé par l'extrémité même de
la feuille, en sorte que l'eau ne peut pas s'en
évaporer. Elle a planté, sur quelques terres
arides du même pays, un grand arbre, appelé par
les nègres *boa*, dont le tronc, monstrueusement
gros, est naturellement creusé comme une
citerne. Dans la saison des pluies, il se remplit
d'eau qu'il conserve fraîche dans les plus grandes
chaleurs, au moyen du feuillage touffu qui en

couronne le sommet. Enfin elle a placé, sur les
rochers arides des îles Antilles, des fontaines végétales. On y trouve communément une liane,
appelée liane à eau, si remplie de sève, que, si on
en coupe une simple branche, il en coule sur-le-
champ autant d'eau qu'un homme en pourrait
boire d'un trait : elle est très-limpide et très-
pure. Dans les lagunes de la baie de Campêche,
les voyageurs trouvent un autre secours : ces lagunes, au niveau de la mer, sont presque entièrement inondées dans la saison pluvieuse, et elles
sont si arides dans la saison sèche, qu'il est
arrivé à plusieurs chasseurs qui s'étaient égarés
dans les forêts dont elles sont couvertes, d'y
mourir de soif. Le célèbre voyageur Dampier rapporte qu'il a échappé plusieurs fois à ce malheur
par le secours d'une végétation fort extraordinaire, qu'on lui avait fait remarquer sur le tronc
d'une espèce de pin qui y est très-commun : elle
ressemble à un paquet de feuilles placées l'une
sur l'autre par étages; et à cause de sa forme, et
de l'arbre où elle croît, il l'appelle pomme de pin.
Cette pomme est pleine d'eau; en sorte qu'en la
perçant à sa base avec un couteau, il en coule
aussitôt une bonne pinte d'une eau très-claire et
très-saine. Le P. du Tertre raconte qu'il a trouvé

plusieurs fois un pareil rafraîchissement dans les feuilles, tournées en cornet, d'une espèce de balisier qui croît sur les plages sablonneuses de la Guadeloupe. J'ai ouï dire à plusieurs de nos chasseurs que rien n'était plus propre à désaltérer que les feuilles du gui qui croît dans nos arbres.

Telles sont en partie les précautions dont la Providence a compensé, en faveur de l'homme, les inconvénients de chaque climat, en opposant aux qualités des éléments des qualités contraires dans les végétaux. Je ne les suivrai pas plus loin, car je les crois inépuisables. Je suis persuadé que chaque latitude et chaque saison ont les leurs qui leur sont affectées, et que chaque parallèle les varie dans chaque degré de longitude.

HARMONIES VÉGÉTALES DES PLANTES AVEC L'HOMME.

Si maintenant nous examinions les relations végétales des plantes avec l'homme, nous les trouverions en nombre infini; elles sont les sources perpétuelles de nos arts, de nos fabriques, de notre commerce et de nos délices; mais, à notre ordinaire, nous ne ferons que parcourir quelques-uns de leurs rapports naturels et directs, auxquels l'homme n'a rien mis du sien.

A commencer par leurs parfums, l'homme me paraît le seul être sensible qui en soit affecté. A la vérité, les animaux, et surtout les mouches et les papillons, ont des plantes qui leur sont propres et qui les attirent ou les rebutent par leurs émanations; mais ces affections semblent liées avec leurs besoins. L'homme seul est sensible aux parfums et à l'éclat des fleurs, indépendamment de tout appétit animal. Le chien même, qui prend, par la domesticité, une si forte teinture des mœurs et des goûts de l'homme, paraît insensible à cette jouissance-là L'impression que font les fleurs sur nous semble liée avec quelque affection morale; car il y en a qui nous égayent et d'autres qui nous attristent sans que nous en puissions apporter d'autres raisons que celles que j'ai essayé d'établir en examinant quelques lois générales de la nature. Au lieu de les distinguer en jaunes, en rouges, en bleues, en violettes, on pourrait les diviser en gaies, en sérieuses, en mélancoliques : leur caractère est si expressif, que les amants, dans l'Orient, emploient leurs nuances pour exprimer les divers degrés de leur passion. La nature s'en sert souvent, par rapport

à nous, dans la même intention. Quand elle veut
nous éloigner d'un lieu marécageux et malsain,
elle y met des plantes vénéneuses qui ont des
couleurs meurtries et des odeurs rebutantes. Il y
a une espèce d'arum qui croît dans les marais du
détroit de Magellan, dont la fleur présente l'aspect d'un ulcère, et exhale une odeur si forte de
chair pourrie, que la mouche à viande vient y dé-
poser ses œufs. Mais le nombre des plantes
fétides n'est pas fort étendu. Les campagnes sont
tapissées de fleurs qui, pour la plupart, ont des
couleurs et des odeurs fort agréables. Je voudrais
que le temps me permît de dire quelque chose de
la simple agrégation des fleurs; ce sujet est si
vaste et si riche, que je ne balance pas d'assurer
qu'il y a de quoi occuper le plus fameux bota-
niste de l'Europe, toute sa vie, en lui découvrant
chaque jour quelque chose de nouveau, et sans
l'écarter de sa maison de plus d'une lieue. Tout
l'art avec lequel les joailliers assemblent leurs
pierreries disparaît auprès de celui avec lequel la
nature assortit les fleurs. Je montrais à J.-J.
Rousseau des fleurs de différents trèfles que
j'avais cueillies en me promenant avec lui; il y
en avait de disposées en couronnes, en demi-cou-
ronnes, en épis, en gerbes, avec des couleurs

variées à l'infini. Quand elles étaient sur leurs
tiges, elles avaient encore d'autres agrégations
avec des plantes qui leur étaient souvent opposées
en couleurs et en formes. Je lui demandai si les
botanistes s'occupaient de ces harmonies : il me
dit que non; mais qu'il avait conseillé à un jeune
dessinateur de Lyon d'apprendre la botanique,
pour y étudier les formes et les assemblages des
fleurs, et que par ce moyen il était devenu un des
plus fameux dessinateurs d'étoffes de l'Europe.
Je lui citai à ce sujet un trait de Pline...

« Ceux du Peloponese, dit-il, furent les premiers qui compassèrent les couleurs et senteurs
des fleurs qu'on mettoit aux chapeaux. Toutefois
cela vint de l'invention de Pausias, peintre, et
d'une bouquetiere nommee Glycera, à qui ce
peintre faisoit fort la cour, jusqu'à contrefaire au
vif des chapeaux et bouquets qu'elle faisoit. Mais
cette bouquetiere changeoit en tant de sortes l'ordonnance de ses chapeaux, pour mieux faire res-
ver son peintre, que c'estoit grand plaisir de voir
combattre l'ouvrage naturel de Glycera contre le
savoir du peintre Pausias. »

L'antique nature en sait encore plus que la
jeune Glycère. Comme nous ne pouvons la suivre
dans sa variété infinie, nous ferons au moins une

observation sur sa régularité : c'est qu'il n'y a
aucune fleur odorante qui ne croisse aux pieds de
l'homme, ou au moins à la portée de sa main.
Toutes celles de cette espèce sont placées sur des
herbes ou sur des arbrisseaux, comme l'hélio-
trope, l'œillet, la giroflée, la violette, la rose, le
lilas. Il n'en croît point de semblables sur les arbres élevés de nos forêts; et si quelques fleurs
brillantes viennent sur quelques grands arbres
des pays étrangers, comme le tulipier et le mar
ronnier d'Inde, elles ne sentent point bon. A la
vérité, quelques grands arbres des Indes, comme
les arbres à épices, sont entièrement parfumés;
mais leurs fleurs sont peu apparentes et ne par-
ticipent pas de l'odeur de leurs feuilles. Les
fleurs du cannellier sentent les excréments humains : c'est ce que j'ai éprouvé moi-même, si
toutefois les arbres qu'on m'a montrés à l'île de
France, dans une habitation appartenant à
M. Magon, étaient de véritables cannelliers. La
belle et odorante fleur du magnolia croît dans la
partie inférieure de l'arbre. D'ailleurs, le laurier
qui la porte est, ainsi que les arbres à épices, un
arbre peu élevé.

Je peux me tromper dans quelques-unes de
mes observations; mais quand elles sont multi-

pliées sur le même objet, et attestées par des hommes dignes de foi, et sans esprit de système, j'en peux tirer des conséquences générales qui ne doivent pas être indifférentes au bonheur du genre humain, en lui montrant des intentions constantes de bienveillance dans l'Auteur de la nature. Les variétés de leurs convenances se prêtent des lumières mutuelles; les moyens sont différents, mais la fin est toujours la même. La même bonté qui a placé le fruit qui devait nourrir l'homme à la portée de sa main, y a dû mettre aussi son bouquet. Nous remarquerons ici que nos arbres fruitiers sont faciles à escalader, et diffèrent en cela de la plupart de ceux des forêts. De plus, tous ceux qui donnent des fruits mous dans leur maturité, et qui auraient été exposés à se briser par leur chute, comme les figuiers, les mûriers, les pruniers, les pêchers, les abricotiers, les présentent à peu de distance de la terre; ceux, au contraire, qui produisent des fruits durs, et qui n'ont rien à risquer dans leur chute, les portent fort élevés, comme les noyers, les châtaigniers et les cocotiers.

Il n'y a pas moins de convenance dans les formes et les grosseurs des fruits. Il y en a beaucoup qui sont taillés pour la bouche de l'homme, comme les cerises et les prunes; d'autres pour sa main, comme les poires et les pommes; d'autres beaucoup plus gros, comme les melons, sont divisés par côtes, et semblent destinés à être mangés en famille; il y en a même aux Indes, comme le jacq, et chez nous la citrouille, qu'on pourrait partager avec ses voisins. La nature paraît avoir suivi les mêmes proportions dans les diverses grosseurs des fruits destinés à nourrir l'homme, que dans la grandeur des feuilles qui devaient lui donner de l'ombre dans les pays chauds; car elle y en a taillé pour abriter une seule personne, une famille entière, et tous les habitants du même hameau.

Je m'arrêterai peu aux autres rapports que les plantes ont avec l'habitation de l'homme par leur grandeur et leur attitude, quoiqu'il y ait à ce sujet des choses très-curieuses à dire. Il en est peu qui ne puissent embellir son champ, son toit ou son mur. J'observerai seulement que le voisinage de l'homme est utile à plusieurs plantes. Un missionnaire anonyme rapporte que les Indiens sont persuadés que les cocotiers au pied desquels il y a des maisons, deviennent beaucoup plus beaux que ceux où il n'y en a pas, comme si ces arbres utiles se réjouissaient du voisinage des hommes.

Un autre missionnaire, carme déchaussé, appelé le P. Philippe, dit positivement que lorsque le cocotier est planté auprès des maisons ou des cabanes, il devient plus fécond par la fumée, par les cendres et par l'habitation de l'homme, et qu'il rapporte doublement du fruit; que c'est par cette raison que les lieux plantés de palmes, aux Indes, sont remplis de maisons et de logettes; que les maîtres de ces lieux donnent, au commencement, quelques écus à ceux qui veulent les habiter, et qu'ils sont obligés de leur accorder leur part des fruits lorsqu'on les cueille; à quoi il ajoute que, quoique leurs fruits, qui sont très-gros et très-durs, tombent souvent des arbres dans leur maturité, ou par les rats qui les rongent, ou par la violence des vents, on n'a jamais ouï dire que personne de ceux qui habitent dessous en aient été blessés. C'est ce qui ne me paraît pas moins extraordinaire qu'à lui.

Je pourrais étendre les influences de l'homme à plusieurs de nos arbres fruitiers, surtout au pommier et à la vigne. Je n'ai point vu de plus beaux pommiers dans le pays de Caux que ceux qui croissent autour des maisons des paysans. Il

est vrai que les soins du maître peuvent y contri-
buer. Je me suis arrêté quelquefois dans les rues
de Paris à considérer avec plaisir de petites
vignes, dont les racines sont dans le sable ou sous
le pavé, tapisser de leurs grappes toute la façade
d'un corps de garde. Une d'entre elles, il y a, je
crois, six ou sept ans, donna deux fois du fruit
dans la même année, ainsi que l'ont rapporté les
papiers publics.

HARMONIES ANIMALES DES PLANTES AVEC L'HOMME.

Mais il ne suffisait pas à la nature d'avoir
donné à l'homme des berceaux et des tapis
chargés de fruits, si elle ne lui eût fourni, dans
l'ordre végétal même, des moyens de défense
contre les déprédations des bêtes sauvages. Il aurait eu beau veiller, pendant le jour, à la garde
de ses biens, ils auraient été au pillage pendant
la nuit. Elle lui a donné des arbrisseaux épineux
pour les enclore. Plus on avance vers le midi,
plus on trouve de variétés dans leurs espèces.
Mais, au contraire, on ne voit point, ou du moins
on voit bien peu de ces arbrisseaux épineux dans
le nord, où ils paraissaient inutiles, car il n'y a

point de vergers. Il semble qu'il y en ait aux Indes pour toutes sortes de sites. Quoique je n'aie
été, pour ainsi dire, que sur la lisière de ce pays,
j'y en ai vu un grand nombre, dont l'étude
offrirait bien des remarques curieuses à un naturaliste. J'en ai remarqué un, entre autres, dans
un jardin de l'île de France, qui m'a paru propre
à faire des enclos impénétrables aux plus petits
quadrupèdes. Il vient de la forme d'un pieu, gros
comme le bras, tout droit, sans branches, et portant pour unique verdure un petit bouquet de
feuilles à son sommet. Son écorce est hérissée
d'épines très-fortes et très-aiguës. Il s'élève à
sept ou huit pieds de hauteur, et croît aussi gros
en haut qu'en bas. Plusieurs de ces arbrisseaux,
plantés de suite les uns auprès des autres, forme-
raient une vraie palissade qui n'aurait point le
moindre intervalle. Les raquettes et les cierges,
si communs sous la zone torride, ont des épines
si perçantes, qu'en marchant dessus elles traversent les semelles des souliers. Il n'y a ni tigres,
ni lions, ni éléphants qui osent en approcher. Il y
a une autre sorte d'épine dans l'île de Ceylan,
dont on se sert pour se défendre des hommes
mêmes, qui franchissent toutes sortes de barrières. Robert Knok, que j'ai déjà cité, dit que les

avenues du royaume de Candy, dans l'île de
Ceylan, ne sont fermées qu'avec des fagots de ces
épines, dont les habitants bouchent les passages
de leurs montagnes.

L'homme trouve dans les végétaux, non-seulement des protections contre les bêtes féroces,
mais contre les reptiles et les insectes. Le P. du
Tertre raconte qu'il trouva un jour, dans l'île de
la Guadeloupe, au pied d'un arbre, une plante
rampante dont les tiges étaient figurées comme
des serpents. Mais il fut bien autrement surpris
quand il aperçut sept ou huit couleuvres qui
étaient mortes autour d'elle. Il l'indiqua à un
chirurgien, qui fit, par son moyen, des cures merveilleuses, en l'employant contre les morsures de
ces dangereux reptiles. Elle est fort répandue
dans les autres îles Antilles, où elle est connue
sous le nom de bois de couleuvre. On la retrouve
encore aux Indes orientales. Jean-Hugues Linschoten lui attribue la même figure et les mêmes
propriétés. Nous avons dans nos climats des végétaux qui ont des convenances et des oppositions
fort étranges avec les reptiles. Pline dit que les
serpents aiment beaucoup le genévrier et le
fenouil; mais qu'on n'en trouve point sous la fougère, le trèfle, le frêne et la rue, et que la bétoine

les fait mourir. D'autres plantes, comme nous l'avons dit, détruisent les mouches, telles que les dionées. Thévenot assure qu'aux Indes les pale-freniers garantissent leurs chevaux des mouches en les frottant, tous les matins, avec des fleurs de citrouille. L'herbe aux puces, qui a des graines noires et luisantes, semblables à des puces, chasse ces insectes d'une maison, selon Diosco-ride. La vipérine, qui a ses semences faites comme des têtes de vipère, fait mourir ces reptiles. Il est probable que c'est à des configurations sembla-bles que les premiers hommes auront reconnu les relations et les oppositions des plantes avec les animaux. Je pense que chaque genre d'insecte a son végétal destructeur que nous ne connaissons pas. En général, toutes les vermines fuient les parfums.

La nature nous a encore donné, dans les plan-tes, les premiers patrons des filets pour la chasse et pour la pêche. Il croît dans quelques landes de la Chine une espèce de rotin si entrelacé et si fort, qu'il s'y prend des cerfs tout en vie. J'ai vu moi-même, sur les sables du bord de la mer, à l'île de France, une sorte de liane, appelée fausse patate, qui couvre des arpents entiers, comme un grand filet de pêcheur. Elle est si propre aux

mêmes usages, que les nègres s'en servent pou
pêcher du poisson. Ils en font, avec les tiges et
les feuilles, de longs cordons qu'ils jettent à la
mer; et, après en avoir formé une chaîne qui
renferme sur l'eau une grande enceinte, ils la
tirent par les deux extrémités au rivage. Ils ne
manquent guère d'y amener quelque poisson; car
les poissons s'effrayent non-seulement d'un filet
qui les enveloppe, mais de tout corps inconnu qui
fait de l'ombre à la surface de l'eau. C'est avec
une industrie aussi simple et à peu près semblable, que les habitants des Maldives font des
pêches prodigieuses, en n'employant, pour amener les poissons dans leurs réservoirs, qu'une
corde qui flotte sur l'eau avec des bâtons.

HARMONIES HUMAINES OU ALIMENTAIRES DES PLANTES.

Il n'y a pas une seule plante sur la terre qui
n'ait quelques rapports avec les besoins de
l'homme, et qui ne serve quelque part à son
vêtement, à son toit, à ses plaisirs, à ses remèdes,
ou au moins à son foyer. Celles qui sont chez nous
les plus inutiles sont quelquefois très-estimées
ailleurs. Les Egyptiens ont fait souvent des

vœux pour l'heureuse récolte des orties, dont la
graine leur donne de l'huile, et la tige leur four-
nit des fils dont ils font de bonne toile. Mais, ces
rapports généraux étant innombrables, je m'en
tiendrai à quelques observations particulières
sur les plantes qui servent au premier des besoins
de l'homme, je veux dire sa nourriture.

Nous remarquerons d'abord que le blé, qui sert
à la subsistance générale du genre humain, n'est
pas produit par des végétaux d'une grande taille,
mais par de simples graminées. Le principal sou-
tien de la vie humaine est porté par des herbes,
et exposé à la merci des moindres vents. Il y a
apparence que si nous avions été chargés de la
sûreté de nos récoltes, nous n'eussions pas man-
qué de les placer sur de grands arbres; mais en
cela, comme dans tout le reste, il faut admirer la
prévoyance divine et nous méfier de la nôtre. Si
nos moissons étaient portées par les forêts, lorsque celles-ci sont détruites par la guerre, ou incendiées par notre imprudence, ou renversées
par les vents, ou ravagées par les inondations, il
faudrait des siècles pour les voir renaître dans un
pays. De plus, les fruits des arbres sont bien plus
sujets à couler que les semences des graminées.
Les graminées, comme nous l'avons observé,

portent leurs fleurs en épi, surmontées souvent
de petites barbes qui ne défendent pas leurs semences des oiseaux, comme le disait Cicéron,
mais qui sont comme autant de petits toits qui
les mettent à l'abri des eaux du ciel. Les gouttes
de pluie ne peuvent pas les noyer, comme les
fleurs radiées, en disques, en roses et en ombel-
les, dont les formes toutefois sont propres à cer-
tains lieux et à certaines saisons; mais celles des
graminées conviennent à toute exposition.

Lorsqu'elles sont portées par des panaches flottants et tombants, comme celles de la plupart des
graminées des pays chauds, elles sont abritées
de la chaleur du soleil; et lorsqu'elles sont rassemblées en épis, comme celles de la plupart des
graminées des pays froids, elles réfléchissent ses
rayons au moins par un côté. De plus, par la souplesse de leurs tiges, fortifiées de nœuds de distance en distance, par leurs feuilles filiformes et
capillacées, elles échappent à la violence des
vents. Leur faiblesse leur est plus utile que la
force ne l'est aux grands arbres. Semblables aux
petites fortunes, elles sont ressemées et multipliées par les mêmes tempêtes qui dévastent les
grandes forêts. Elles résistent encore aux séche-
resses par la longueur de leurs racines, qui vont

chercher bien loin l'humidité sous la terre; et quoiqu'elles n'aient que des feuilles étroites, elles en portent en si grand nombre, qu'elles couvrent de leurs plants multipliés la surface de la terre. A la moindre pluie, vous les voyez toutes se dresser en l'air par leurs extrémités, comme si c'étaient autant de griffes. Elles résistent aux incendies mêmes qui font périr tant d'arbres dans les forêts. J'ai vu des pays où l'on met chaque année le feu aux herbes, dans le temps de la sécheresse, se recouvrir, dès qu'il pleut, de la plus belle verdure. Quoique ce feu soit si actif, qu'il fait périr souvent les arbres qui se trouvent dans son voisinage, les racines des herbes n'en sont point offensées. Elles ont de plus la faculté de se reproduire de trois manières, par des rejetons qui poussent à leurs pieds, par des traînasses qu'elles étendent au loin, et par des graines très-volatiles ou indigestibles, que les vents et les animaux dispersent de tous côtés. La plupart des arbres, au contraire, ne se régénèrent naturellement que par leurs semences. Ajoutez aux avantages généraux des graminées, une variété étonnante de caractères dans leurs floraisons et leurs attitudes, qui les rend plus propres que les végétaux de toute autre classe à croître dans toutes sortes de sites.

C'est dans cette famille, si j'ose dire, cosmo-
polite, que la nature a placé le principal aliment
de l'homme; car les blés, dont tant de peuples
subsistent, ne sont que des espèces de graminées.
Il n'y a point de terre où il ne puisse croître
quelque espèce de blé. Homère, qui avait si bien
étudié la nature, caractérise souvent chaque
pays par le végétal qui lui est propre. Il vante
une île pour ses raisins, une autre pour ses
oliviers, une autre pour ses lauriers, une autre
pour ses palmiers ; mais il ne donne qu'à la terre
l'épithète générale de *zeidora*, ou porte-blé. En
effet, la nature en a formé pour croître dans tous
les sites, depuis la ligne jusqu'aux bords de la
mer Glaciale. Il y en a pour les lieux humides
des pays chauds, comme le riz de l'Asie, qui
vient en abondance dans les vases du Gange. Il
y en a pour les lieux marécageux des pays
froids, comme une espèce de folle-avoine qui
croît naturellement sur les bords des fleuves de
l'Amérique septentrionale, et dont plusieurs nations sauvages font, chaque année, d'abondantes
récoltes. D'autres blés réussissent à merveille
sur les terres chaudes et sèches, comme le millet
et le panic, en Afrique, et le maïs au Brésil. Dans
nos climats, le froment se plaît dans les terres

fortes; le seigle, dans les sables; le sarrasin, sur les coteaux pluvieux; l'avoine, dans les plaines humides; l'orge, dans les rochers. L'orge réussit jusque dans le fond du Nord. J'en ai vu, par le 61° degré de latitude nord, dans les roches de la Finlande, des récoltes aussi belles qu'en aient jamais produit les champs de la Palestine. Le blé suffit à tous les besoins de l'homme. Avec sa paille, il peut se loger, se couvrir, se chauffer, et nourrir ses brebis, sa vache et son cheval; avec son grain, il fait des aliments et des boissons de toutes sortes de saveurs. Les peuples du Nord en brassent de la bière, et en tirent des eaux-de-vie plus fortes que celles du vin : telles sont celles de Dantzick. Les Chinois font avec le riz un vin aussi agréable que le meilleur vin d'Espagne. Les Brésiliens préparent avec le maïs leur ouicou. Enfin, avec l'avoine torréfiée on peut faire des crèmes qui ont le parfum de la vanille. Si nous joignons à ces qualités celles des autres plantes domestiques, dont la plupart croissent aussi par toute la terre, nous y trouverons les saveurs du girofle, du poivre, des épiceries; et, sans sortir de nos jardins, nous rassemblerons les jouissances dispersées dans le reste des végétaux.

Nous pouvons reconnaître, dans l'orge et dans l'avoine, les caractères élémentaires dont j'ai parlé, qui varient les espèces de plantes du même genre, suivant les sites où elles doivent naître. L'orge, destinée aux lieux secs, a des feuilles larges et ouvertes à leur base, qui conduisent les eaux des pluies à sa racine. Les longues barbes qui surmontent les balles qui enveloppent ses grains sont hérissées de dentelures propres à les accrocher aux poils des animaux, et à les ressemer dans les lieux élevés et arides. L'avoine, au contraire, destinée aux lieux humides, a des feuilles étroites, arrêtées autour de sa tige, pour intercepter les eaux des pluies. Ses balles renflées, semblables à deux longues demi vessies, et peu adhérentes aux grains, les rendent propres à surnager et à traverser les eaux par le secours du vent. Mais voici quelque chose de plus admirable, qui confirmera ce que nous avons dit sur les usages des diverses parties des plantes par rapport aux éléments, et qui étend les vues de la nature au-delà même de leurs fruits, que nous avons regardés comme leurs caractères déterminants : c'est que l'orge, dans les années pluvieuses, dégénère en avoine, et l'avoine, dans les années sèches, se change en orge. Cette observation, rapportée par Pline, Galien et Matthiole, commentateur de Dioscoride, a été confirmée par les expériences de plusieurs naturalistes modernes. A la vérité, Matthiole prétend que cette transformation de l'orge ne se fait pas en avoine proprement dite, qu'il appelle *bromos*, mais en une plante qui lui ressemble au premier coup d'œil, et qu'il appelle *œgilops*, ou coquiole. Cette transformation, constatée par les expériences réitérées des laboureurs de son pays, et par celle que le père de Galien fit expressément pour s'en convaincre, suffit, avec celle des fleurs de la linaire, et des feuilles de plusieurs végétaux, pour nous prouver que les rapports élémentaires des plantes ne sont que les rapports secondaires, et que les rapports animaux ou humains sont les principaux. Ainsi la nature a placé le caractère d'une plante, non-seulement dans la forme du fruit, mais dans la substance de ce même fruit.

Je présume de là qu'ayant fait, en général, de la substance farineuse la base de la vie humaine, elle l'a répandue dans tous les sites, sur diverses espèces de graminées; qu'ensuite, voulant y ajouter des modifications relatives à quelques humeurs de notre tempérament, ou à quelque in-

fluence de la saison ou du climat, elle en a fait
d'autres combinaisons, qu'elle a placées dans les
plantes légumineuses, comme les pois et les
fèves, que les Romains comprenaient au rang des
blés; qu'enfin elle en a formé d'une autre sorte,
qu'elle a mises dans les fruits des arbres, comme
les châtaignes, ou dans les racines, comme les
patates et les pommes de terre. Ces convenances
de substance avec chaque climat sont si certaines, que, par tout pays, le fruit qui y est le
plus commun est le meilleur et le plus sain. Je
présume encore qu'elle a suivi le même plan par
rapport aux plantes médicinales, et qu'ayant répandu sur plusieurs familles de végétaux des
vertus relatives à notre sang, à nos nerfs, à nos
humeurs, elle les a modifiées dans chaque pays,
suivant les maladies que le climat y engendre, et
les a mises en opposition avec les caractères particuliers de ces mêmes maladies. C'est, ce me
semble, pour avoir négligé ces observations qu'il
s'est élevé tant de doutes et de disputes sur les
vertus des plantes. Tel simple qui remédie à un
mal dans un pays, l'augmente quelquefois dans
un autre. Le quinquina, qui est l'écorce d'une
espèce de manglier d'eau douce du Mexique,
guérit les fièvres de l'Amérique, d'une espèce

particulière aux lieux humides et chauds, et
échoue souvent contre celles de l'Europe. Chaque
remède est modifié dans chaque lieu, comme
chaque mal. Je ne pousserai pas plus loin cette
réflexion, qui me ferait sortir de mon sujet; mais
si les médecins y faisaient l'attention qu'elle mérite, ils étudieraient mieux les plantes de leur
pays, et ils ne leur préféreraient pas, comme ils
font la plupart, celles des pays étrangers, qu'ils
sont obligés de modifier de mille manières, pour
leur donner, au hasard, des convenances avec les
maladies locales. Ce qu'il y a de certain, c'est
que quand la nature a déterminé une certaine saveur dans quelque végétal, elle la répète par
toute la terre, avec des modifications qui n'em-
pêchent pas cependant de reconnaître sa vertu
principale. Ainsi, ayant mis le cochléaria, ce
puissant antiscorbutique, jusque sur les rivages
brumeux du Spitzberg, elle en a répété la saveur
et les qualités dans le cresson de nos ruisseaux,
dans le cresson alénois de nos jardins, dans la
capucine, qui est un cresson des rivières du Pérou,
enfin dans les graines mêmes du papayer, qui
vient aux lieux humides, dans les Antilles. On
retrouve pareillement la saveur, l'odeur et les
qualités de notre ail, dans des bois, des écorces
et des mousses de l'Amérique.

Ces considérations me persuadent que les caractères élémentaires des plantes, et leur entière configuration, ne sont que des moyens secondaires, et que leur caractère principal tient aux besoins de l'homme. Ainsi, pour établir dans les plantes un ordre simple et agréable, au lieu de parcourir successivement leurs harmonies élémentaires, végétales, animales et humaines, il faudrait renverser cet ordre, sans toutefois l'altérer, et partir d'abord des plantes qui présentent à l'homme ses premiers besoins, passer de là aux usages qu'en tirent les animaux, et s'arrêter aux sites qui en déterminent les variétés.

Cette marche est d'autant plus aisée à suivre, que le premier point du départ est fixé par l'odorat et le goût. Les témoignages de ces deux sens ne sont pas à mépriser; car ils nous servent à décider les qualités intimes des plantes, bien mieux que les décompositions de la chimie. Ils peuvent s'étendre à tout le règne végétal, d'autant qu'il n'y a pas un seul genre de plante, différencié en ombelle, en rose, en papilionacée, etc., qui n'offre à l'homme un aliment dans quelque partie du globe. Le souchet d'Éthiopie porte, à sa racine, des bulbes qui ont le goût d'amandes. Celui qu'on appelle en Italie *trasi* en produit qui ont la saveur des châtaignes. Nous avons trouvé en Amérique la pomme de terre dans la classe des solanum, qui sont des poisons. C'est un jasmin de l'Arabie qui nous donne le café. L'églantier ne produit chez nous que des baies pour les oiseaux; mais celui de la terre d'Iesso, qui y croît entre les rochers et les coquillages des bords de la mer, porte des calices si gros et si nourrissants, qu'ils servent d'aliment, une partie de l'année, aux habitants de ces rivages. Les fougères de nos coteaux sont stériles; cependant, dans l'Amérique septentrionale, il en croît une espèce appelée *Filix braccifera*, qui est chargée de baies fort bonnes à manger. L'arbre même des îles Moluques, appelé *Ybbi* par les habitants, et *palmier sagou* par les voyageurs, n'est qu'une fougère, au jugement de nos botanistes. Cette fougère renferme dans son tronc le sagou, substance plus légère et plus délicate que le riz. Enfin il y a jusqu'à certaines espèces de fucus que les Chinois mangent avec délices, entre autres ceux qui composent les nids d'une espèce d'hirondelle.

En disposant donc dans cet ordre les plantes qui portent la subsistance principale de l'homme, comme les graminées, on aurait d'abord, pour notre pays, le froment des terres fortes, le seigle

des sables, l'orge des rochers, l'avoine des lieux
humides, le blé sarrasin des collines pluvieuses;
et pour les autres climats et expositions, le panic,
le mil, le millet, le maïs, la folle-avoine du Canada, le riz de l'Asie, dont quelques espèces viennent dans les lieux secs, etc.

Il serait encore utile de déterminer, sur la terre,
des lieux auxquels on pourrait rapporter l'origine
de chaque plante comestible. Ce que j'ai à dire à
ce sujet n'est qu'une conjecture; mais elle me
paraît bien vraisemblable. Je pense donc que la
nature a mis dans les îles les espèces des plantes
les plus belles et les plus convenables aux besoins
de l'homme. Premièrement, les îles sont plus
favorables aux développements élémentaires des
plantes que l'intérieur des continents; car il n'y en
a point qui ne jouisse des influences de tous les
éléments, ayant autour d'elle les vents et la mer,
et souvent, dans son intérieur, des plaines, des
sables, des lacs, des rochers et des montagnes.
Une île est un petit monde en abrégé. Seconde-
ment, leur température particulière est si variée,
qu'on en trouve dans tous les points principaux
de longitude, quoiqu'il y en ait un nombre consi
dérable qui nous soient encore inconnues, entre
autres dans la mer du Sud. Enfin l'expérience

prouve qu'il n'y a pas un seul arbre fruitier, en
Europe, qui ne devienne plus beau dans quel-
qu'une des îles qui sont sur ses côtes, que dans le
continent. J'ai parlé de la beauté des châtaigniers
de la Corse et de la Sicile ; mais Pline, qui nous
a conservé l'origine des arbres fruitiers qui étaient
de son temps en Italie, nous apprend que la plupart avaient été apportés des îles de l'Archipel.
Le noyer venait de la Sardaigne ; la vigne, le
figuier, l'olivier, et beaucoup d'autres arbres
fruitiers, étaient originaires des autres îles de la
Méditerranée. Il observe même que l'olivier, ainsi
que plusieurs autres plantes, ne réussit que dans
le voisinage de la mer. Tous les voyageurs modernes confirment ces observations. Tavernier,
qui avait traversé tant de fois l'Asie, dit qu'on ne
voit plus d'oliviers au-delà d'Alep. Un anonyme
anglais, que j'ai déjà cité avec éloge, assure que
nulle part, dans le continent, on ne trouve des
figuiers, des vignes, des mûriers, ainsi que plusieurs autres arbres fruitiers, qui soient compa-
rables en grandeur et en production à ceux de
l'Archipel, malgré la négligence de ses infortunés
cultivateurs. Je pourrais y joindre beaucoup
d'autres végétaux qui ne viennent que dans ces
îles, et qui fournissent au commerce de l'Europe

des gommes, des mannes et des teintures. Le pommier, si commun en France, n'y donne nulle part des fruits aussi beaux et d'espèces aussi variées que sur les rivages de la Normandie, sous l'haleine des vents maritimes de l'ouest. Je ne doute pas que le fruit qui fut le prix de la beauté n'ait aussi, comme Vénus, quelque île favorite.

Si nous portons nos remarques jusque dans la zone torride, nous verrons que ce n'est ni de l'Asie ni de l'Afrique que se tirent le girofle, la muscade, la cannelle, le poivre de la meilleure qualité, le benjoin, le sandal, le sagou, etc., mais des îles Moluques, ou de celles qui sont dans leurs mers. Le cocotier ne vient dans toute sa beauté qu'aux îles Maldives. Il y a même, dans les archipels de ces mers, quantité d'arbres fruitiers décrits par Dampier qui ne sont pas encore transplantés dans l'ancien continent, tels que l'arbre à grappes. Le double coco ne se trouve qu'aux îles Seychelles. Les îles nouvellement découvertes de la mer du Sud, telles que celles de Taïti, nous ont présenté des arbres inconnus, comme le fruit à pain, et le mûrier, dont l'écorce sert à faire des étoffes. On en peut dire autant des productions végétales des îles de l'Amérique, par rapport à leur continent.

Je pourrais étendre ces observations jusqu'aux oiseaux et aux quadrupèdes mêmes, qui sont plus beaux et d'espèces plus variées dans les îles que partout ailleurs. Les éléphants les plus estimés en Asie sont ceux de l'île de Ceylan. Les Indiens leur croient quelque chose de divin ; qui plus est, ils prétendent que les autres éléphants reconnaissent cette supériorité. Ce qu'il y a de certain, c'est qu'ils sont beaucoup plus chers en Asie que tous les autres. Enfin, les voyageurs les plus dignes de foi, et qui ont le mieux observé, comme l'Anglais Dampier, le P. du Tertre et quelques autres, disent qu'il n'y a pas un récif dans les mers comprises entre les tropiques, qui ne soit distingué par quelque sorte d'oiseau, de crabe, de tortue, ou de poisson, qui ne se trouve nulle part ailleurs, ni d'espèces si variées, ni en si grande abondance. Je présume que la nature a ainsi distribué ses principaux bienfaits dans les îles, pour inviter les hommes à y passer et à parcourir la terre. Ce ne sont que des conjectures; mais il est rare qu'elles nous trompent, quand on les fonde sur l'intelligence et la bonté de son Auteur.

On pourrait donc rapporter la plus belle espèce de blé, qui est le froment, à la Sicile, où l'on prétend, en effet, qu'il fut trouvé pour la première fois. Ce qu'il y a de certain, c'est que le blé n'est indigène qu'en Sicile, si toutefois il s'y reperpétue encore de lui-même, comme l'assuraient les anciens. Après avoir déterminé de la même manière les autres convenances humaines des graminées avec différents sites de la terre, on chercherait les graminées qui ont des rapports marqués avec nos animaux domestiques, comme le bœuf, le cheval, la brebis, le chien. On les caractériserait par les noms de ces animaux. Nous aurions des *gramen bovinum, equinum, ovinum, caninum.* On distinguerait ensuite les espèces de chacun de ces genres par les noms des différents lieux où ces animaux les retrouvent, sur les bords des fleuves, dans les rochers, sur les sables, dans les montagnes; de sorte qu'en y ajoutant les épithètes *fluviale, saxatile, arenosum, montanum,* on suppléerait avec deux mots à toutes les longues phrases de notre botanique. On répartirait de même les autres graminées aux divers quadrupèdes de nos forêts, comme aux cerfs, aux lièvres, aux sangliers, etc. Ces premières déterminations demanderaient quelques expériences à faire sur les goûts des animaux; mais elles seraient fort instructives et très-amusantes. Elles ne seraient pas cruelles, comme la plupart de celles de notre physique moderne, qui les écorche vifs, les empoisonne ou les étouffe, pour connaître leur naturel. Elles ne s'occuperaient que de leurs appétits, et non de leurs convulsions. Au reste, il y a déjà beaucoup de ces plantes préférées qui sont connues de nos bergers. Un d'eux m'a montré, aux environs de Paris, une graminée qui engraisse plus les brebis en quinze jours, que les autres espèces ne pourraient le faire en deux mois. Aussi, dès qu'elles l'aperçoivent, elles y courent avec la plus grande avidité. J'en ai été témoin. Je ne veux pas dire toutefois que chaque espèce d'animal borne son appétit à une seule espèce de mets. Il suffit seulement, pour établir l'ordre que je propose, que chacune d'elles donne, dans chaque genre de plante, la préférence à une espèce, et c'est ce que l'expérience confirme.

La grande classe des graminées étant ainsi distribuée aux hommes et aux animaux, les autres plantes présenteraient encore plus de facilité dans leurs répartitions, parce qu'elles sont bien moins nombreuses. Dans les quinze cent cinquante espèces de plantes reconnues par Sébastien le Vaillant, aux environs de Paris, il y a plus de cent familles, parmi lesquelles celle des gra-

minées comprend, pour sa part, quatre-vingt-
cinq espèces, sans compter vingt-six variétés, et
nos différentes sortes de blés. Elle est la plus
nombreuse après celles des champignons, qui en
a cent dix, et celle des mousses, qui en a quatre-
vingt-six. Ainsi, au lieu des classes systémati-
ques de notre botanique, qui n'expliquent point
ies usages de la plupart des parties végétales,
qui confondent souvent les plantes les plus disparates, et qui séparent celles qui sont du même
genre, nous aurions un ordre simple, facile,
agréable, et d'une étendue infinie, qui passant de
l'homme aux animaux, aux végétaux et aux
éléments, nous montrerait les plantes qui servent
à notre usage et à ceux des êtres sensibles, ren-
drait à chacune d'elles ses relations élémentaires,
à chaque site de la terre sa beauté végétale, et
remplirait le cœur humain d'admiration et de re-
connaissance. Ce plan paraît d'autant plus con-
forme à celui de la nature, qu'il est entièrement
compris dans la bénédiction que son Auteur
donna à nos premiers parents, lorsqu'il leur dit :
« Je vous ai donné toutes les herbes, qui portent
leurs graines sur la terre, et tous les arbres, qui
renferment en eux-mêmes leurs semences, chacun SELON SON ESPÈCE, afin qu'ils vous servent

de nourriture; et à tous les animaux de la terre, à tous les oiseaux du ciel, à tout ce qui se remue sur la terre, et qui est vivant et animé, afin qu'ils aient de quoi se nourrir. »

Cette bénédiction ne s'est pas bornée pour l'homme à quelque espèce primordiale dans chaque genre. Elle s'est étendue à tout le règne végétal, qui se convertit pour lui en aliments, par le moyen des animaux domestiques. Linnée leur a présenté les huit à neuf cents plantes que produit la Suède, et il a remarqué que la vache en mange deux cent quatre-vingt-six; la chèvre, quatre cent cinquante-huit; la brebis, quatre cent dix-sept; le cheval, deux cent soixante-dix-huit; le porc, cent sept. Le premier animal n'en refuse que cent quatre-vingt-quatre, le second quatre-vingt-douze, le troisième cent douze, le quatrième deux cent sept, le cinquième cent quatre-vingt-dix. Il ne comprend dans ces énumérations que les plantes que ces animaux mangent avec avidité, et celles qu'ils rejettent avec obstination. Les autres leur sont indifférentes; ils en mangent au besoin, et même avec plaisir lorsqu'elles sont tendres. Il n'y en a aucune de perdue. Celles qui sont rebutées des uns font les délices des autres. Les plus âcres. et même les

plus vénéneuses, servent à en engraisser quelques-uns. La chèvre broute les renoncules des
prés qui sont si poivrées, le tithymale et la
ciguë. Le porc dévore la prêle et la jusquiame.
Il n'a point admis à ces épreuves l'âne, qui ne vit
point en Suède, ni le renne, qui l'y remplace si
avantageusement dans les parties du Nord, ni
les autres animaux domestiques, comme le canard, l'oie, la poule, le pigeon, le chat et le chien.
Tous ces animaux réunis semblent destinés à
tourner à notre profit tout ce qui végète, par
leurs appétits universels, et surtout par cet instinct inexplicable de domesticité qui les attache
à nous, sans qu'on ait pu en rendre susceptibles
ni le cerf, qui est si timide, ni même les petits
oiseaux qui cherchent à vivre sous notre protection, tels que l'hirondelle, qui fait son nid dans
nos maisons. La nature n'a donné l'instinct de
sociabilité humaine qu'à ceux dont les services
pouvaient être utiles à l'homme en tout temps, et
elles les a configurés d'une manière admirable
pour les différents sites du règne végétal. Je ne
parle pas du chameau des Arabes, qui peut rester
plusieurs jours sans boire, en traversant les sables
brûlants du Sahara; ni du renne des Lapons,
dont le pied trés-fendu peut s'appuyer et courir

sur la surface des neiges ; ni du rhinocéros des Siamois et des Péguans, qui, avec les plis de sa peau qu'il gonfle à volonté, peut se dégager des terrains marécageux du Syriam ; ni de l'éléphant d'Asie, dont le pied, divisé en cinq ergots, est si sûr dans les montagnes escarpées de la zone torride ; ni du lama du Pérou, qui gravit avec ses pieds ergotés les âpres rochers des Cordilières. Chaque site extraordinaire nourrit pour l'homme un serviteur commode.

Mais sans sortir de nos hameaux, le cheval solipède paît dans les plaines, la vache pesante au fond des vallées, la brebis légère sur la croupe des collines, la chèvre grimpante sur les flancs des rochers ; le porc, armé d'un groin, fouille les racines des marais ; l'oie et le canard mangent les herbes fluviatiles ; la poule ramasse tout ce qui se perd dans les champs ; l'abeille aux quatre ailes butine les poussières des fleurs ; et le pigeon rapide va glaner les semences qui se perdent dans les rochers inaccessibles. Tous ces animaux, après avoir occupé pendant le jour les différents sites de la végétation, reviennent le soir à l'habitation de l'homme, avec des bêlements, des murmures et des cris de joie, en lui rapportant les doux tributs des plantes, chan-

gées, par une métamorphose inconcevable, en
miel, en lait, en beurre, en œufs et en crème.

––––––

HARMONIES ÉLÉMENTAIRES DES PLANTES AVEC LE SOLEIL PAR LES FLEURS.

Quoique les botanistes aient fait de grandes et
laborieuses recherches sur les plantes, ils ne se
sont occupés d'aucun de ces rapports. Enchaînés
par leurs systèmes, ils se sont attachés particulièrement à les considérer du côté des fleurs; et
ils les ont rassemblées dans la même classe,
quand ils leur ont trouvé ces ressemblances ex-
térieures, sans chercher même quel pouvait être
l'usage particulier des différentes parties de la
floraison. A la vérité, ils ont reconnu celui des
étamines, des anthères et des stigmates, pour la
fécondation du fruit; mais, celui-là et quelques
autres qui regardent l'organisation intérieure exceptés, ils ont négligé ou méconnu les rapports
que la plante entière a avec le reste de la nature.

Cependant, quoiqu'ils aient rapporté le caractère d'une plante à sa fleur, ils ont méconnu
l'usage de sa partie la plus éclatante, qui est

celui de la corolle. Ils appellent corolle ce que nous appelons les feuilles d'une fleur, du mot latin *corolla*, parce que ces feuilles sont disposées en forme de petites couronnes dans un grand nombre d'espèces, et ils ont donné le nom de pétales aux divisions de cette couronne. A la vérité, quelques-uns l'ont reconnue propre à couvrir les parties de la fécondation avant le développement de la fleur; mais son calice y est bien plus propre, par son épaisseur, par ses barbes, et quelquefois par les épines dont il est revêtu. D'ailleurs, quand la corolle laisse les étamines à découvert, et qu'elle reste épanouie pendant des semaines entières, il faut bien qu'elle serve à quelque autre usage, car la nature ne fait rien en vain.

La corolle paraît être destinée à réverbérer les rayons du soleil sur les parties de la fécondation, et nous n'en douterons pas, si nous en considérons la couleur et la forme dans la plupart des fleurs. Nous avons remarqué que, de toutes les couleurs, la blanche était la plus propre à réfléchir la chaleur : or, elle est en général celle que la nature donne aux fleurs qui éclosent dans des saisons et des lieux froids, comme nous le voyons dans les perce-neige, les muguets, les hyacin-

thes, les narcisses et l'anemona nemorosa, qui
fleurissent au commencement du printemps. Il
faut aussi ranger dans cette couleur celles qui ont
des nuances légères de rose ou d'azur, comme
plusieurs hyacinthes, ainsi que celles qui ont des
teintes jaunes et éclatantes, comme les fleurs des
pissenlits, des bassinets des prés et des giroflées
de murailles. Mais celles qui s'ouvrent dans des
saisons et des lieux chauds, comme les nielles,
les coquelicots et les bluets, qui croissent l'été
dans les moissons, ont des couleurs fortes, telles
que le pourpre, le gros rouge et le bleu, qui ab-
sorbent la chaleur, sans la réfléchir beaucoup. Je
ne sache pas cependant qu'il y ait de fleur tout-à-
fait noire; car alors ses pétales, sans réflexion, lui
seraient inutiles.

En général, de quelque couleur que soit une
fleur, la partie inférieure de sa corolle qui réfléchit les rayons du soleil est d'une teinte beaucoup
plus pâle que le reste. Elle y est même si remarquable que les botanistes, qui regardent en général les couleurs, dans les fleurs, comme de simples accidents, la distinguent sous le nom « d'onglet. » L'onglet est, par rapport à la fleur, ce que
le ventre est par rapport aux animaux : sa nuance

est presque toujours plus claire que celle du reste du pétale.

Les formes des fleurs ne sont pas moins propres que leurs couleurs à réfléchir la chaleur. Leurs corolles, divisées en pétales, ne sont qu'un assemblage de miroirs dirigés vers un foyer. Elles en ont tantôt quatre, qui sont plans, comme la fleur du chou dans les crucifères ; ou un cercle entier, comme les marguerites dans les radiées ; ou des portions sphériques, comme les roses ; ou des sphères entières, comme les grelots du muguet ; ou des cônes tronqués, comme la digitale, dont la corolle est faite comme un dé à coudre. La nature a mis au foyer de ces miroirs plans, sphériques, elliptiques, paraboliques, etc., les parties de la fécondation des plantes.

Les pétales paraissent tellement destinés à réchauffer les parties de la fécondation, que la nature en a mis un cercle autour de la plupart des fleurs composées, qui sont elles-mêmes des agrégations de petits tuyaux en nombre infini, qui forment autant de fleurs particulières appelées fleurons. C'est ce qu'on peut remarquer dans les pétales qui environnent les disques des marguerites et des soleils. On les retrouve encore autour de la plupart des ombellifères ; quoique chaque

petite fleur qui les compose ait ses pétales particuliers, il y en a un cercle de plus grands qui entoure leur assemblage, ainsi qu'on peut le voir
aux fleurs du daucus.

La nature a encore d'autres moyens de multiplier les reflets de la chaleur dans les fleurs. Tantôt elle les place sur des tiges peu élevées, afin
qu'elles soient échauffées par les réflexions de la
terre; tantôt elle glace leur corolle d'un vernis
brillant, comme dans les renoncules jaunes des
prés, appelées bassinets. Quelquefois elle en soustrait la corolle, et fait sortir les parties de la
fécondation des parois d'un épi, d'un cône ou
d'une branche d'arbre. Les formes d'épi ou de
cône paraissent les plus propres à révébérer sur
elles l'action du soleil, et à assurer leur fructifi-
cation; car elles leur présentent toujours quelque
côté abrité du froid. Il est même très-remarquable
que l'agrégation de fleurs en cône ou en épi est
fort commune aux herbes et aux arbres du Nord,
et est fort rare dans ceux du Midi. La plupart des
graminées que j'ai vues dans les pays du Midi ne
portent point leurs grains en épi, mais en panaches flottants, et divisés par une multitude de
tiges particulières, comme le millet et le riz. Le
maïs ou blé de Turquie y porte, à la vérité, un

gros épi; mais cet épi est longtemps enfermé dans un sac; et lorsqu'il en sort, il pousse au-dessus de sa tête un long chevelu qui semble uniquement destiné à abriter ses fleurs du soleil.

Enfin, ce qui confirme que les fleurs des plantes sont ordonnées à l'action de la chaleur suivant chaque pays, c'est que beaucoup de nos plantes d'Europe végètent fort bien aux îles Antilles, et n'y grainent jamais. Le P. du Tertre y a observé que les choux, le sainfoin, la luzerne, la sar-riette, le basilic, l'ortie, le plantain, l'absinthe, la sauge, l'hépatique, l'amarante, et toutes nos espèces de graminées y croissaient à merveille, mais n'y donnaient jamais de graines. Ces obser-vations prouvent que ce n'est ni l'air ni la terre qui leur est contraire, mais le soleil, qui agit trop vivement sur leurs fleurs; car la plupart de ces plantes les portent agrégées en épis qui augmen-tent beaucoup la répercussion des rayons solai-res. Je crois cependant qu'on pourrait les natu-raliser dans ces îles, ainsi que beaucoup d'autres végétaux de nos climats tempérés, en choisis-sant, dans les variétés et leurs espèces, celles dont les fleurs ont le moins de champ, et dont les couleurs sont les plus foncées, ou celles dont les panicules sont divergents.

Ce n'est pas que la nature n'ait encore d'autres ressources pour faire croître des plantes du même genre, dans des saisons et des climats différents. Elle en rend les fleurs susceptibles de réfléchir la chaleur à différents degrés de latitude, sans presque rien changer à leurs formes. Tantôt elle les place sur des tiges élevées, pour les soustraire à la réflexion du sol. C'est ainsi qu'elle a mis, entre les tropiques, la plupart des fleurs apparentes sur des arbres. J'y en ai vu bien peu dans les prairies, mais beaucoup dans les forêts. Dans ces pays, il faut lever les yeux en haut pour y voir des fleurs; dans le nôtre, il faut les baisser à terre : elles sont chez nous sur des herbes et sur des arbrisseaux. Tantôt elle les fait éclore à l'ombre des feuilles : telles sont celles des palmiers et des jacquiers, qui croissent immédiatement au tronc de l'arbre. Telles sont aussi chez nous ces larges cloches blanches, appelées chemises de Notre-Dame, qui se plaisent à l'ombre des saules. Il y en a d'autres, comme les fleurs de quelques convolvulus, qui ne s'ouvrent que la nuit; d'autres viennent à terre et à découvert, comme les pensées : mais elles ont leurs pavillons sombres et veloutés. Il y en a qui reçoivent l'action du soleil quand il est bien élevé, comme la tulipe;

mais la nature a pris les précautions de ne faire paraître cette large fleur qu'au printemps, de peindre ses pétales de couleurs fortes, et de barbouiller de noir le fond de sa coupe. D'autres sont disposées en girandoles, et ne reçoivent l'effet des rayons solaires que sous un rumb de vent : telle est la girandole du lilas, qui, regardant par ses différentes faces le levant, le midi, le couchant et le nord, présente sur le même bouquet des fleurs en bouton, entr'ouvertes, épanouies, et toutes les nuances ravissantes de la floraison.

Il y a des fleurs, comme les composées, qui, étant dans une situation horizontale, et tout-à-fait à découvert, voient, comme notre horizon, le soleil depuis son lever jusqu'à son coucher : telle est la fleur du pissenlit. Mais elle a un moyen bien particulier de s'abriter de la chaleur : elle se referme quand elle devient trop grande. On a observé qu'elle s'ouvre en été à cinq heures et demie du matin, et réunit ses pétales vers le centre à neuf heures. La fleur de la chicorée des jardins, qui est, au contraire, dans un plan vertical, s'ouvre à sept heures et se ferme à dix. C'était par une suite d'observations semblables que le célèbre Linnæus avait formé une horloge botanique ; car il avait trouvé des plantes qui ou-

vraient leurs fleurs à toutes les heures du jour et
de la nuit. On cultive au Jardin du Roi une espèce d'aloès serpentin sans épines, dont la fleur,
grande et belle, exhale une forte odeur de vanille
dans le temps de son épanouissement, qui est fort
court. Elle ne s'ouvre que vers le mois de juillet,
sur les cinq heures du soir : on la voit alors entr'ouvrir peu à peu ses pétales, les étendre,
s'épanouir et mourir à dix heures du soir; elle
est totalement flétrie, au grand étonnement des
spectateurs qui y accourent en foule; mais on
n'admire que ce qui est rare. La fleur de notre
épine commune (qui n'est pas celle de l'aubépine)
est encore plus extraordinaire : car elle fleurit si
vite, qu'à peine a-t-on le temps d'observer son
développement.

Toutes ces observations démontrent clairement
les relations des corolles avec la chaleur. J'en
ajouterai une dernière, qui prouve évidemment
leur usage : c'est que le temps de leur existence
est réglé sur la quantité de chaleur qu'elles
doivent rassembler. Plus il fait chaud, moins elles
ont de durée. Presque toutes tombent dès que la
plante est fécondée.

Mais si la nature soustrait le plus grand nombre des fleurs à l'action violente du soleil, elle en

destine d'autres à paraître dans tout l'éclat de ses rayons sans en être offensées. Elle a donné aux premières des réverbères rembrunis ou qui se ferment suivant le besoin; elle donne aux autres des parasols. Telle est l'impériale, dont les fleurs en cloches renversées croissent à l'ombre d'un panache de feuilles. Le *Chrysanthemum Peruvianum*, ou, pour parler plus simplement, le tournesol, qui se tourne sans cesse vers le soleil, se couvre, comme le Pérou d'où il est venu, de nuages de rosée qui rafraîchissent ses fleurs pendant la plus grande ardeur du jour. La fleur blanche du lychnis, qui vient l'été dans nos champs, et qui ressemble de loin à une croix de Malte, a une espèce d'étranglement ou de petite collerette placée à son centre, en sorte que ses grands pétales brillants renversés en-dehors n'agissent point sur ses étamines. Le narcisse blanc a pareillement un petit entonnoir. Mais la nature n'a pas besoin de créer de nouvelles parties pour donner de nouveaux caractères à ses ouvrages. Elle les tire à la fois de l'être et du néant, et les rend positifs ou négatifs, à son gré. Elle a donné des courbes à la plupart des fleurs pour réunir la chaleur à leur centre; elle emploie, quand elle veut, les mêmes courbes pour l'en écarter : elle

en met les foyers en-dehors. C'est ainsi que sont
disposés les pétales du lis, qui sont autant de
sections de parabole. Malgré la grandeur et la
blancheur de sa coupe, plus il s'épanouit, plus il
écarte de lui les feux du soleil ; et pendant qu'au
milieu de l'été, en plein midi, toutes les fleurs,
brûlées de ses ardeurs, s'inclinent et penchent
leurs têtes vers la terre, le lis, comme un roi,
élève la sienne, et contemple face à face l'astre
qui brille au haut des cieux.

Les fleurs ont encore des parties ordonnées aux
autres éléments. Il y en a qui sont garnies en-
dehors de poils pour les abriter du froid ; d'autres
sont formées pour éclore à la surface de l'eau :
telles sont les roses jaunes des nymphœa, qui
flottent sur les lacs et qui se prêtent aux divers
mouvements des vagues, sans en être mouillées,
au moyen des tiges longues et souples auxquelles
elles sont attachées. Celles de la vallisneria sont
encore plus artistement disposées : elles croissent
dans le Rhône, et elles y auraient été exposées à
être inondées par les crues subites de ce fleuve,
si la nature ne leur avait donné des tiges formées
en tire-bouchon, qui s'allongent tout-à-coup de
trois à quatre pieds. Il y a d'autres fleurs coor-
données aux vents et aux pluies, comme celles

des pois, qui ont des nacelles qui abritent les étamines et les embryons de leurs fruits. De plus, elles ont de grands pavillons et sont posées sur des queues courbées et élastiques, comme un nerf; de sorte que, quand le vent souffle sur un champ de pois, vous voyez toutes les fleurs tourner le dos au vent, comme autant de girouettes.

S'il y a quelque caractère constant dans les plantes, il faut le chercher dans le fruit. C'est là que la nature a ordonné toutes les parties de la végétation, comme à l'objet principal.

FIN.

TABLE

—

I

FIN DE LA TABLE.

———

Limoges. —Imp. Eugène Ardant et Cᵉ

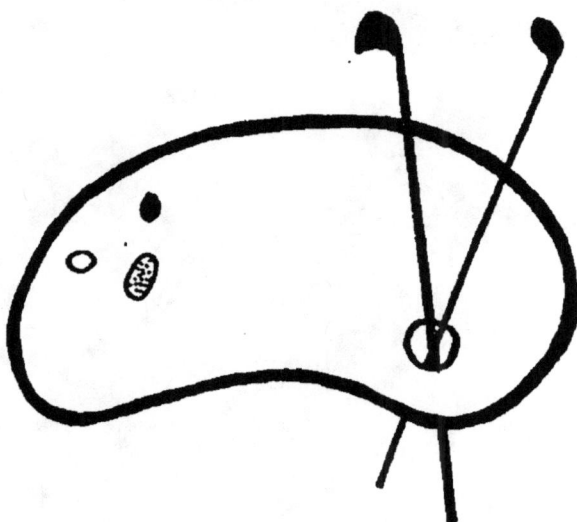

ORIGINAL EN COULEUR
NF Z 43-120-8

www.ingramcontent.com/pod-product-compliance
Lightning Source LLC
Chambersburg PA
CBHW072233270326
41930CB00010B/2115